本书系湖南省“十三五”教育规划课题2019年一般资助课题（编号：XJK19BGD035）研究成果

地方高校大学生创业能力现状调查及创业教育质量评价研究

曹巍 著

吉林大学出版社
长春

图书在版编目（CIP）数据

地方高校大学生创业能力现状调查及创业教育质量评价研究 / 曹巍著 . —长春 ：吉林大学出版社，2020.3
ISBN 978-7-5692-6164-6

Ⅰ . ①地… Ⅱ . ①曹… Ⅲ . ①地方高校—大学生—创业—能力培养—调查研究—湖南②地方高校—创业—教育质量—质量评价—研究—湖南 Ⅳ . ① G647.38

中国版本图书馆 CIP 数据核字（2020）第 034480 号

书　　名 地方高校大学生创业能力现状调查及创业教育质量评价研究
DIFANG GAOXIAO DAXUESHENG CHUANGYE NENGLI XIANZHUANG DIAOCHA JI CHUANGYE JIAOYU ZHILIANG PINGJIA YANJIU
作　　者： 曹　巍　著
策划编辑： 卢　婵
责任编辑： 卢　婵
责任校对： 陶　冉
装帧设计： 汤　丽
出版发行： 吉林大学出版社
社　　址： 长春市人民大街 4059 号
邮政编码： 130021
发行电话： 0431-89580028/29/21
网　　址： http：//www.jlup.com.cn
电子邮箱： jdcbs@jlu.edu.cn
印　　刷： 北京虎彩文化传播有限公司
开　　本： 787mm × 1092mm　　1/16
印　　张： 11.5
字　　数： 200 千字
版　　次： 2020 年 3 月　第 1 版
印　　次： 2020 年 3 月　第 1 次
书　　号： ISBN 978-7-5692-6164-6
定　　价： 68.00 元

序

党的十九大针对就业创业进行了明确陈述，要求扩大就业发展战略、以创业带动就业，为自主创业、自谋职业创造更多条件，鼓励更多的劳动者成为创业者，在创业的道路上取得成就。由此可见，党的十九大之后，就业创业政策的核心在于鼓励创业，而政府和社会各界的热门话题则是大学生创业。多渠道的就业方式能够让大学生有更多的选择，不仅有利于大学生的成长，同时还能够缓解社会就业压力。大学生创业已经取得了显著成就，榜样案例比比皆是，创业迎来了前所未有的高潮。但是大学生刚刚走出校门，创业过程中面临各种阻碍和影响因素，再加上创业人员素质参差不齐、地域差异等因素，很多大学生创业过程比较坎坷。针对大学生创业，社会各界虽然呼吁大学生要有进取精神，走创业之路，但是真正创业成功的、能够取得成效的并不多。

随着经济全球化程度不断加深，人类社会进入了信息化、网络化、资本化、知识化时代，科技发明和商品产业化之间的联系越来越紧密，科技进步和创新俨然已经成为社会发展的主要动力。我国高校为了适应经济社会发展的需求，开展了多种形式的创业教育，并取得了显著成效。创业教育面向全体学生，是一种新的教育理念和人才培养模式，当前正逐步融入我国人才培养的全过程，为社会培养创业型人才创造条件。

在调查中发现，全国已经有 82% 的高校开设了创业课程，有 300 多万名大学生参与到创业创新活动中。随着高校创业教育如火如荼地开展，创业教育质量如何、如何进行评估和调控等，已经成为当下学术界关注的重点。2018 年，湖南省创业教育的重点由数量提升向质量提升转变，部分地方高校在制定高校教育教学的综合改革过程中，将创业教育改革作为重中之重，让创业教育和专业教育实现深度融合，其目的就是为了培养具有创新精神和创业能力的创业型人才。因此，有关创业教育质量评价体系的研究尤为重要。

本书重点研究五个问题。一是湖南省地方高校开展创业教育质量评价的内涵、特征及战略地位，着重探讨湖南省地方高校创业教育的质量评价与高校创业教育工作的动力机制研究；二是运用数学模型对高校创业教育的质量评价指标进行量化比较，探讨地方高校开展创业教育质量评价所采用的指标应具备的特点及其具体内涵；三是分析现行湖南省地方高校创业教育质量评价指标体系的现状及存在的问题（湖南省地方高校创业教育质量评价指标体系的基本内容及特点研究，当前评价指标体系在地方高校创业教育质量评价中存在的问题与原因研究）；四是基于模糊数学理论模型条件下地方高校创业教育质量评价指标体系的构建研究（基于熵权 TOPSIS 模型理论构建地方高校创业教育质量评价指标体系的数学模型研究，基于 AHP 模型地方高校创业教育质量评价量化指标体系运作机制研究）；五是湖南省地方高校创业教育质量评价指标体系的实证研究，以湖南省多所地方高校为例，探索性地建构分析模型，提出今后开展湖南省地方高校创业教育质量评价的合理指标体系。

现行的高校创业教育质量评价指标体系还存在一定的缺陷，不能有效地反映我国高校分类、分级发展的需要。目前，国内从应用模型的角度对创业教育评价指标体系进行构建的主要有李玥等（2014，BSC 平衡积分卡）、刘海滨等（2012，AHP 法）、李集城（2012，DEA 模型法）、葛莉（2014，CIPP 法）和武冠蓉（2017，DPSIR 模型法）。他们都是在评价模型的基础上选取相应的指标对创业教育的质量进行评估，但评估指标只是简单的罗列，未考虑各指标之间的关系，如未进行将降低理论用于实践指导方面的研究。究其原因，主要是选取的评价模型未能提供这一功能，但在应用过程中，各项评价指标间是有相互作用和因果关系的。本书在考虑上述因素后，基于熵权 TOPSIS 模型和 AHP 模型构建地方高校创业教育质量评价体系，对湖南创业教育进行质量诊断，可以有效地加强评价理论对创业教育实践的指导性。

本书的实践意义主要体现在两个方面。一是科学合理的创业教育质量评价指标体系可以促使当地政府对地方高校的创业教育加大投入。近年来，创业教育以超常规的速度发展，但政府对各高校的创业教育投入仍然有限，经费来源不足常常成为许多地方高校创业教育发展的主要障碍之一。通过创业教育质量评价，可以促使当地政府加大对地方高校的创业教育投入，提高地方高校创业教育水平。二是科学合理的创业教育质量评价指标体系可以实现对地方高校创业教育质量的长效监控和保障，促使地方高校改进许多平时积重难返的弊端，规范教学制度、内容、手段和方式。任何一所学校在创业教育发展过程中或多或少都会有一些弊端，科学合理的创业教育评价指标体系，可以促使地方高校将学校的各项创业教学工作步入规范化、制度化、科学化的轨道。

就学术修养来讲，本书显示出湖南学人的独特致思路径：更多的是取对比数字，客观地说明问题；十分注重学以致用，在历史与现实、传统与现代的交流与数字的对比碰撞中，谋求观点的阐述，避免了有些学者专攻理论模式而与实际脱节的困坐愁城。改革开放以后，湖南省各高校经历了近 20 年不同程度的扩招之后，普遍遇到了创业就业方面的新问题。那么，在国家大力推进双创教育的大环境中，如何继续扬长避短、克服困难，推动地方高校创业教育再上新台阶，如何创建优质的特色创业课程群等，均将成为需要不断探索的大课题。在这方面，希望曹巍同志能有更多的真知灼见出现在大学生创业教育论坛中。

杨刚

（西南大学博士、教授、博士生导师）

2019 年 8 月于北碚

目　录

第一章　绪论

2007—2009年是我国高校大学生数量猛涨的关键时期，其中全国高校毕业生分别为495万人、560万人、610万人，毕业生的就业率分别达到75%、70%、68%。2013年大学毕业生达699万人，初次就业率略降；2014年以后，高校毕业生人数逐年增加，但就业率不断上升；2018年大学毕业生首次突破800万人，就业率已达到91.5%；2019年大学毕业生高达834万人，就业率达到92%。但这并不说明“就业难”的问题已不存在了。数据表明，在2019年的834万大学毕业生中，考上研究生就超过了70万人，实际上真正签约的只有三分之一左右。往届大学毕业生尚未完全就业的情况下，又增加了大量的应届大学毕业生，而社会就业岗位有限，这就造成了大学毕业生就业难的现状。

深受市场经济影响、各大高校不断扩大招生数量、脱离市场需求去设置课程、人才培养和市场需求之间相脱节等，导致很多大学生毕业之后难以找到适合自己的岗位。而“就业难”也成为困扰社会发展的关键问题，单纯依靠国家的政策很难解决这一问题。因此大学生首先要改变择业观念，其次要不断提高自我能力，只有如此才能提高自身就业竞争力。当前，我国正处于社会深度转型期，经济、政治等体制在不断地转型和创新，地方高校毕业生要适应当前经济社会发展的需求，做好充分的就业转型准备，走向创新创业之路。同时，各大高校要基于市场需求培养创新型人才，让人才能够成为社会发展和进步的推动力。在就业政策方面，首先要支持大学生依据传统渠道就业，同时要鼓励大学毕业生自主创业，走创新发展之路，只有如此，才能够解决我国当下大学毕业生就业难的问题。

针对大学生就业创业工作的发展，中央及地方各级政府先后出台了一系列的优惠政策，并为大学生创业就业创造良好的环境。比如降低创业准入门槛、提高创业资金支持等等，降低了大学生创业的难度，为大学生顺利创业提供保障，而自主创业则成为很多大学生毕业后就业的首选。特别是近两年来，大学生创业人数持续提升，并且出现了很多创业成功的案例。

大学生创业首先能够解决自身就业问题，同时能够为其他大学生就业提供机会，创造无数的工作岗位，缓解社会整体的就业压力。大学生创业如同一股清流，为社会带来了浓郁的创新意识，推动了整个社会的创新发展。但是创业过程是曲折的、艰难的，并不一定能够获得成功，原因有二，一是创业过程实质上就是风险投资过程，二是创业必须具备一定条件。刚毕业的大学生缺乏人生经历，对创业的理解存在误区，对社会现象认识不足，因此创业过程面临着很多困难，甚至会遭受创业失败。

第一节　问题的提出和研究的意义

一、问题的提出

随着社会的快速发展，科技发明和商品产业化之间的融合度不断提升，很多科技成果都能够在最短的时间内转化为生产力，科技进步和创新明显已经成为当下经济社会发展的巨大推动力。党的十七大就明确提出“提高自主创新能力、建设创新型国家”的口号，并提出了以创业带动就业的发展战略。但是从现阶段国民经济表现来看，我国国民经济缺乏自主创新能力，究其原因，在于严重缺乏此方面的人才。也就是说，我们当前的高等教育尚无法为国民经济的发展培养更多的创新型人才，无法完全适应创新型国家建设的需求。[1]我国高校当前为何培养杰出的、创新型的人才？这一问题一直困扰着我国学术界，很多学者对此进行了研究。著名科学家钱学森于2005年明确指出，中国当前之所以不能快速发展，关键在于中国的大学没有按照培养科学技术发明创造人才的模式去办学，没有培养出大量的创新型人才。创新型人才的缺乏导致社会无法发挥出独特的作用，因而影响了我国创新型社会建设。基于创新型社会建设，党和国家提出了大学生创业教育的发展战略。结合发达国家的经验，根据经济社会发展的需求开展创业教育，才能推动经济社会的创新发展。因此中国首先要对传统的教育方式进行改革，植入创新教育理念和形式，才能够为社会培养大量创新型人才。

近年来，我国高校招生规模不断扩张，高等教育发展速度非常快，已经进入到大众化发展阶段。随着大众化程度的不断加深，每年都有大量的毕业生进入社会，对就业岗位的需求极其强烈，而社会就业压力也日益严峻。大学生接受过高等教育，思维活跃，具有一定的创新能力，他们是潜在的创新创业群体之一。高等教育要发挥就业引领功能，全面推进高校创业教育，培养大学生自主创业精神，让更多的大学生走向创新创业发展之路。只有如此，才能缓解当下大学生就业压力，帮助大学生实现职业生涯梦想，维护社会稳定，推动国民经济的可持续发展。

高等院校进行创业教育的目的就是培养大学生的创业精神和创业能力，为社会输送更多的创新型人才。创业教育已经成为我国高等院校教育的一种主要模式，其教育理念和人才培养模式已经融入高校人才培养的整个过程。

从20世纪80年代开始，很多发达国家就已经开始了创业教育，特别是美国，已经有了50多年的创业教育历史，其创业教育体系和教育理念非常完善。20世纪80年代末，在面向21世纪教育的国际研讨会上，我国首次提出了创业教育的概念，要求地方高校要把创业技能和创业精神的培育作为教育教学的基本目标之一。清华大学于1998年举办了首届创业计划大赛，该次大赛可以视为我国大学生创业教育的起点，从此以后地方各大高校迅速开展了多种形式的创业教育。2000 年，教育部在全国地方高校技术创新大会上首次公布了激励大学生创业的政策，政策的内容包括：大学生、研究生在创办高新技术企业的过程中，可以休学保留学籍。《2003—2007 年教育振兴行动计划》中，教育部明确指出，要建设一批稳定的就业创业和创新基地，为大学毕业生自主创业创造更多的条件。KAB（国际劳工组织为培养大学生的创业意识和创业能力而专门开发的教育项目）第一期讲师培训班于 2006 年在北京正式举行，并在 6 所地方高校开展试点课程，包括清华大学、黑龙江大学等。2008 年，中国质量工程项目在教育部的全力推动之下正式开始建设，该项目共建设了 30 个创业教育人才培养模式创新实验区，为人才的创业教育提供了更多条件。中国高等教育学会创业教育分会于 2009 年 4 月正式成立，并正式开通了创业教育分会网站。[2]

《大力推进高等学校创业教育和大学生自主创业工作的意见》于 2010 年正式公布，该意见提出了一系列的创业引领计划，其目的就是帮助地方高校开展各种形式的创业教育，建设创业教育基地，为大学生自主创业创造条件。从那以后，创业教育在我国得到了快速发展，并逐渐形成了完整的体系。

创新的内涵非常广泛，具体包括新颖、独特、具有精神价值、创造物质成果等。创新对于个人来说就是形成创新型成果，而从事创新活动、做出创新型成果的能力则称之为创新能力。创业就是利用自己和他人的各种资源，借助于市场力量，获得较高收益的过程，比如利用知识、技术、资金等。无论是创新还是创业都是一个动态过程，需要为之付出不断的努力，持之以恒，才能够创造出最终成果。创业者只有不断地努力，才能保证创业目标的实现。创业教育的过程事实上就是培养个体创业意识、思维和技能的过程，个体只有具备一定的创业能力、创业综合素质才能够实现创业的成功。

《国家中长期教育改革和发展规划纲要（2010—2020 年）》（下文简称《中长期规划纲要》）于 2010 年正式出台，纲要中明确指出，到 2020 年，我国要构建完善的现代职业教育体系。该体系首先要适应经济发展、产业结构调整等方面的要求，体现终身教育理念，同时还要实现中等和高等职业教育的协调发展；其次，该体系还要满足社会公众职业教育的需求，满足社会对高素质和技能型人才的需求；最后，该体系还要保障高等教育教学目标的实现。

《教育部职业教育与成人教育司工作要点》于2013年正式出台，文件中明确指出，要根据中国职业教育发展的需求，建立完善的职业教育质量保障体系，为各类职业教育创造更多的条件，实现其可持续发展。为了贯彻上述文件，落实党的十八大和中共十八届三中全会的精神，教育部、财政部联合其他各部委共同出台了《现代职业教育体系建设规划（2014—2020年）》，规划中明确指出，牢固确立职业教育在国家人才培养体系中的重要位置，到2020年，形成适应发展需求，产教深度融合，中职高职衔接，职业教育与普通教育相互沟通，体现终身教育理念，具有中国特色、世界水平的现代职业教育体系，建立人才培养立交桥，形成合理的教育结构，推动现代教育体系基本建立、教育现代化基本实现。

二、研究意义

创业教育是世界各国高等教育的发展方向，也是中国高等教育全球化发展的必然，是知识经济和社会发展的基本要求，同时也体现了新时代下高等教育的基本职责。我国创业教育虽然已经开展，但当前的开展状况并不理想，没有和高校教学体系、学科专业教育有效地融合在一起，导致创业教育和学科专业教育相脱离，学生失去了自身专业优势，无法利用自身专业去开展创新创业活动。本书针对上述现象，探讨了现有的创业教育理论，明确其中存在的问题，并提出适合当前创业教育的新模式。

近年来湖南省教育事业得到了快速发展，高等职业院校数量、招生规模持续增长、扩大，高等职业教育进入了一个发展的新时期，社会公众对此关注度越来越高，高等职业院校的教育教学质量成为社会各界关注的焦点。特别是在当下，高等职业教育的价值日益下滑，社会认可度不高。如何提高高等职业教育的质量、如何促进高等职业教育的规范发展已经成为高等职业院校生存和发展的关键。

首先，湖南省职业教育质量保障体系建设已经开展，但当前理论研究比较滞后，缺乏理论的引导会影响到高等职业院校教育质量保障体系的科学性和合理性，因此只有加大此方面的理论研究，才能用理论来指导实践，不断提升高等职业教育的教学质量。高等职业教育质量的提升，首先是高等职业院校自身生存和发展的需求，其次是湖南省经济发展的客观需求。提升当地高等职业教育的教学质量，是加快高等职业教育发展的关键。

其次，湖南省位置独特，是长江经济带的枢纽，是我国“一带一部”战略实施的关键区域。国家为了带动经济社会的快速发展，提出了“一带一部”战略，而湖南省恰好是该战略的一个关键环节。湖南省作为教育大省，此时面临着新的发展机遇和挑战，同时也肩负着各级各类人才培养的重任。“一带一部”战略的实现需要大量的高素质技能型人才，湖南省高等职业教育只有不断地提高自身的人才质量，才能为该战略的实现贮备大量的优质人才，同时实现自身的快速发展。因此，当下如何提高人才的质量，是湖南省高等职业院校和社会各界关注的重点。

最后，高等职业院校规范发展的关键在于教育质量的提升。湖南省高等职业教育当下正在开展新一轮的改进活动，其目的就是提升自身的教育质量。湖南省高职教育当下教育质量普遍偏低，培养的人才和市场需求之间存在脱节，甚至无法满足市场需求。在市场经济快速发展的今天，质量成为每一个行业的核心竞争力，高职院校也是如此，只有培养出高质量、高素质的优秀人才，才能在激烈的竞争中立于不败之地。因此高等职业教育必须建立起以质量求生存、以就业为导向的教育理念，加快教育教学改革，为社会培养出更多的优秀人才，才能让高职院校在激烈的竞争中立于不败之地。[3]

第二节　大学生创业教育研究现状及评价

借鉴发达国家创业教育的经验，只有结合经济社会需求，所形成的创业教育形态才能实现快速发展。创业教育是一种新型的教育理念，适应时代发展的需求。党的十八大报告中明确指出，要鼓励大学生多种形式就业，转变就业观念，让创业带动就业。创业可以增加就业机会，是落实建设新型国家战略的需求。随着高等教育大众化程度的不断加深，每年都有大量的毕业生涌入社会，对社会就业的需求日益强烈，但社会岗位有限，就业压力日渐严峻。而创业人数过少，创业人数不到毕业生人数的1%，创业成功率过低，大学生创办的企业能长期坚持下去的很少。产生这些问题的原因是多方面的，需要从政府、社会、企业、地方高校、家庭等各个方面去共同努力，为大学生创业营造良好的氛围。[4]由于创业发展势头迅猛，创业教育的模式不断地推陈出新。从近年湖南大学生创业的案例中分析可能影响大学生创业的诸多因素，其中包括大学生本身具备的条件和专业知识等内部因素和政府、地方高校、企业等外部的因素。通过对湖南地方高校工商管理专业创业型人才培养研究现状的评价，希望给予有志创业的大学生一些启示，更好地应用于创业实际。

一、大学生创业现状及影响因素研究

1. 关于大学生创业现状研究：包括现状、问题和对策。（1）大学生创业现状：一是创业率低（曲悦，2012；梁冬，2013）；二是创业成功率低（于晓宇、桑大伟、韩雨卿，2012；王如海，2013）；三是创业层次低（孟庆全，2011；王国红、王雨丝，2013）。（2）存在问题：一是缺乏对自身和创业的理性认识（唐明浩、俞慧娜，2012；王如海，2013）；二是缺乏经验和资金（蒋研川、朱莹、卢培煜，2012；虞昌亮，2013；王丽萍、廖佳玲、罗嘉慧，2013）。（3）对策：一是完善创业环境（王圆圆，

2012；西凤茹，2012；叶静，2013）；二是提高大学生自身创业能力（虞维维，2012；王维舟，2013；田雪莹，2013）。

2. 关于大学生创业影响因素研究：包括个体主观因素和社会客观因素。（1）在个体主观影响因素方面又可细分为三方面：在个人性格方面，大多认为个体对创业的态度越积极，其创业意向就越强烈（Ajzen，1991；Douglas E. J.、Shepherd D. A.，2002；Kim M. S.、Hunter J. E.，1993；Phan P. H.、Wong P. K.、Wang C. K.，2002；范魏、王重鸣，2004）；在个人能力方面，资源获取能力、风险承担能力、积极态度及创新能力是影响大学生创业参与倾向的最重要因素（Scherer，1989；高静、贺昌政、刘娇，2014），其中个体自主性特质、个体成就动机水平和个体风险承担特质三者都与个体创业意向呈正相关（Boden R. J.、Nucci A. R.，1997；McClell D. C.、Boyatzis R. E.，1982；McClell D. C.、Burnham D. H.，2003；钱永红，2007）；在个人观念方面，传统就业观念的束缚制约了大学生创业意识的培养（张文强，2012；吕延勤、杨培强，2009）。（2）在社会客观因素方面，越来越多的学者倾向于引入情景环境，以之作为对传统的仅使用个人特质预测个体创业意向的补充（陈微微、王波、施祺，2009；金启慧，2010；刘军，2015；邢安刚，2012）。刘志侃、唐萍萍强调创业环境（包括宏观环境、大学环境和社会网络）是影响大学生创业倾向的重要因素。其中，王福如、陈国雄（2011）认为95%以上的大学生创业是为了改变家乡旧貌，期望利用自己所学的知识，帮助家乡父老乡亲发家致富，推进县域经济的发展。王保义（2012），谢永恒、安明明（2015）认为目前我国的资本市场还很不完善，缺少对大学生创业支持的政策激励，且银行信用贷款和风投对大学生创业项目的资金投入要求严苛，大学生创业缺乏社会资金的支持。

二、创业教育评价方法

国外的创业教育评价方法多以创新性、多学科和以实践为导向的方式，已经形成了较全面的创业教育评价体系。（1）关于创业教育方法的研究。

Wilken、Mc-Cleuand 等人将创业理论与创业者个人的性格特征结合，探讨影响创业行为选择的因素。Sarasvathy 明确了目标导向逻辑和手段导向逻辑两个概念，指出大多成功创业者的创业行为由手段逻辑来引导。Gartner 认为，对创业行为有影响的主要因素包括个体本身的特质，组织、过程和环境等，通过各个变量之间相互影响来研究影响创业活动的因素。Filomena O.Soares、Manuel J.Sepulveda 等人提出了一种创业项目，并且在项目管理、团队合作、沟通能力和个人发展方面都得到了很大的提升。Alex Maritz、Gerrit、Anton 探讨了工程研究对研究生创业的作用及对创业意图的影响。Kleppe J.A. 认为在早期的教学过程中必须加入教学发明、创业的内容，提高学生的创业能力。Jeffry A.Timmons 提出培养学生的创业能力必须用课程设计的方式，以问题为中心，并且以大量案例研究的方式来提高学生创业的思维能力，将创业教育课程分为理论教育和实践教育两个部分。（2）关于创业教育质量评价方法的研究。McMullan 认为设计一种方法来评价创业教育和课程计划很容易，但很难保证这些方法在实践中是否真的有效。Wyckham 认为创业教育的评价首先应该通过考试评估学生的知识和技能，其次通过学生对教师进行评价，最后课程结束后要统计毕业生创业后就业和收入状况的数据。Gustafsson-Pesonen Liisa 通过创业学习方法、课程结构和创业过程对教师创业思维和行动的影响，来评价创业教育对教师思维和态度的改变程度。Oosterbeek 等使用倍差法，对实验组和对照组的学生进行对比，计算实验组的学生在接受创业教育前后创业技能和创业动因方面的差异。Charney 通过对被试者与创业者的社会经济特征进行配对，对“柏杰创业教育项目”进行评价，以此研究学生的创业绩效以及课程发展的影响因素。（3）关于高校创业教育效果评价体系的研究。Vesper 和 Gartner（2005）提出了“七因素评价法”，该评价方法是当前最具影响力的高校创业教育质量评价体系。Block 和 Walter（2016）基于西方创业教育的效用和价值，提出对创业教育进行社会价值两大维度的衡量与评价。（4）关于 CIPP 模型的研究。斯塔弗尔比姆的 CIPP 模型提出了形成性评价思想，将评价的功能定位为改进导向，较之泰勒的行为目标模型的总结性评价思想与证明导向的功能定位，成为教育评价发展中的一大进步与突破。显然，国外创业教育评价理论比较成熟和完善，当然，不同国家创业教育评价体系的侧重点不一样，创业教育评价的方法在各个国家也有不同的体现，这反映出各个国家对创业教育的价值观点还没达到共识。

国内学者关于评价方法的研究。国内早期的学者（陈浩凯，2007；李明章、代吉林，2011；梅伟惠，2011）注重内适性质量评价，强调学术导向、教师导向和学科专家导向，重视课程知识、学科体系、教学内容与学术规范本身的演绎，宏观评价高校创业教育结果。近年来的研究（冯艳飞、童晓玲，2013；时全丽，2015；黄善明，2017）中，创业教育质量评价更加注重外适性和个适性质量观，定量评价创业教育的质量和效果，从而为创业教育质量过程的监控提供依据，主要量化方法有以下 5 种。（1）基于 CIPP 理论的高校创业教育质量评价指标体系研究（葛莉、刘则渊，2014；杨海华，2015；高桂娟、李丽红，2016），从背景评价、输入评价、过程评价和结果评价四个方面建立符合我国实际情况的高校创业教育质量效果评价指标体系。（2）基于 FCE 模糊综合评价和改进 AHP 法对高校创业教育进行评价（李国平、郑孝庭、李新平、张可斐，2004；陶丹、陈德慧，2010；刘海滨，2012；高希、何蔚超、杨鑫，2015；李婧、杨昱梅，2015；高苟、华菊翠，2015），模糊综合评价法采用定量评价的方法，对受到多种因素影响的事物做出评价，AHP 层次分析法是对模糊层次分析法的深入，经过改进的 AHP 的最大优点是降低了指标间的比较次数，减少了指标重要性判断的模糊性，为创业教育效果评价提供了新的思路。（3）基于 BP 神经网络法和模糊综合评价法构建了创业教育评价指标体系评价框架（冯艳飞、童晓玲，2013；徐英、白华，2014；初汉芳、张惠敏，2015；王经纬，2017），结合学生创业意向及创业胜任力的实证研究，对我国大学创业教育效果进行测算与评价，为推动我国高校创业教育的发展提供理论基础和实践指导。（4）基于 QFD 质量功能展开和 DEA 包络分析的创业教育质量评价方法（秦敬民，2009；朱至文、顾荣，2013）。QFD

采用矩阵图解法，建立基于 QFD 的高校创业教育质量评价体系。DEA 是以凸分析和线性规划为工具，采用包络分析的方法实证评价了高校内部不同教学单位之间创业教育的质量情况。（5）基于 BSC 平衡计分卡的高校创业教育质量评价研究（李玥、王宏起，2014；黄海珍，2015；苏海泉，2015），通过设计权重建立起一套创业教育平衡计分卡绩效评价体系。平衡计分法兼顾了定性与定量指标、外部与内部指标、长期与短期目标以及过程与结果指标的融合。

三、创业教育的评价体系

关于评价体系的研究，早期研究的学者（陈浩凯，2007；陶丹、陈德慧，2010；谢志远、刘巍伟，2010；梅伟惠，2011；罗培、沈超红，2012）通常采用便于量化的客观指标，主要设置了核心课程体系、教学方法、教师背景、教师科研能力、软环境及硬环境等指标。近年来的学者（蒋德勤，2015；杨海华，2016）在研究中更加注重客观与主观相结合，设置了课程资源、组织运作、教学实施及教师素质等指标。主要代表性成果有：刘巍伟、谢志远（2010）通过层次分析法构建了包含 19 个三级指标、5 个二级指标的创业教育质量综合评价体系；陶丹（2010）则采用了德尔菲法，从目标层、参考层、要素层和子要素四个维度建立创业教育综合评价指标；俞金波（2011）提出创业教育效果评价要构建基于理论课程、实践课程和课程实施效果“三位一体”的课程评价体系；赖艳、景玲等（2012）提出了基于创业教育氛围、创业教育教学、创业教育实践、创业教育基础平台建设及创业教育培养效果五个方面的评价指标体系；汪鑫、胡笑梅和李旭辉（2016）从系统论的观点出发，认为创业教育评价指标应包括创业教育投入、创业教育产出和创业教育环境三个方面；刘强（2016）从流程、目标、客户和资源四个层次提出了我国高校创业教育质量评价指标体系；徐平磊、陈浩凯（2017）从创业教育师资、创业教育课程、创业环境和创业者四个维度构建了四位一体的创业教育质量评价指标体系。

四、创业教育政策及评价体系研究

1. 关于创业政策体系的研究。2002 年国务院办公厅转发教育部等部门《关于进一步深化高等学校毕业生就业制度改革有关问题意见的通知》，首次明确提出鼓励和支持高校毕业生自主创业。2009 年 1 月 19 日国务院办公厅下发的《关于加强普通高等学校毕业生就业工作的通知》，再次提出四项积极就业政策，鼓励毕业生创业，促使高校毕业生创业问题被提到一个前所未有的高度。陈成文、孙淇庭（2009）认为大学生创业政策体系包括促进创业文化、开展创业教育培训、减少进入障碍，以及提供金融支持和商务支持等。熊伟（2009）基于创业活动的各维度，构建了大学生创业政策体系的开放框架。田力、徐一平（2013）根据政策的作用，将大学生创业政策分为引导性政策、扶持性政策和管理性政策；根据大学生创业活动的实施，将创业政策分为注册登记类政策、财政金融类政策、税收类政策、人事档案管理类政策，以及教育培训类政策。

2. 关于创业政策评析的研究。高丹（2011），张春（2013），郑炳章、田飞、张可（2013）基于创业政策导向的角度，认为目前的创业政策大多引导和鼓励大学生从事服务业和简单的个体经营项目，忽视了大学生自身价值的实现。此外，各地出台的大学生创业政策对科技创新类企业的优惠较多，导致优惠政策的受益面减少，影响了文科类、工科类甚至艺术类专业学生的创业积极性。陈成文、孙淇庭（2009）和林嵩（2010）基于创业政策体系角度，认为大学生创业政策过多地集中于大学生创业活动的优惠政策方面，缺乏实用性和多样性，对大学生创业者关心的市场信息、网络关系及社会服务等的促进支持政策不足。夏人青、罗志敏、严军（2012），秦琴、江志斌（2012），林雪治（2013），郭德侠、楚江亭（2013）基于创业政策的实施角度，认为现有的创业政策大多缺乏可操作的实施细则、监督落实的配套政策，以及激励机制等，从而使政府热衷于将创业政策作为一项政治任务而非公共政策去执行，导致大学生创业的配套服务措施不完善，如针对创业基金的政策缺乏对资金管理和运作流程的有效监督，针对创业优惠政策缺乏对政策落实成效的追踪与评估等。

以上研究成果，为本课题研究提供了如下理论基础。第一，建立起一套可示范、可推广且可操作的高校创业教育质量评价框架。结合高校创业教育的开展机制，已初步建立横向评价和纵向评价指标相结合的评价体系，并引入权重和权重分配，使得评价体系趋于科学，为本课题研究开辟道路。第二，建立内适性、外适性和个适性相结合的创业教育质量观。高校创业教育改革要以大学生为参与客体，以社会为服务相关方，加入大学生创业教育满意度评价指标、社会声誉评价指标，采用定性和定量评价相结合、客观和主观评价相结合的多样性评价体系，促进高校着眼于大学生创业精神的培养和综合素质的提升。第三，开展高校创业教育质量评价纵向追踪研究。创业教育与创业行为之间存在时滞性，创业教育质量评价应将短期指标和长期指标结合，同时开展创业教育质量评价纵向追踪研究。

总体上看，目前对大学生创业影响因素研究的文献较多，而对大学生创业政策评析方面的文献较少。主要是根植于大学生创业意愿的分析，对大学生创业实际行为的探究更少。即使在为数不多的创业政策研究方面，也主要是着眼于宏观层面的创业政策体系的构建与探讨，而忽视微观层面对创业的前期准备（如创业意愿、创业能力的培养及创业教育等）和创业的过程研究（如创业影响因素、创业实践等）的关注，对大学生创业过程的培育支持体系的研究尤其不足，即缺乏对大学生创业保障体系的系统研究。因此，从完善大学生创业政策体系研究、促进大学生创业发展的角度，研究大学生创业政策体系的构成、运行机制及其对创业活动和创业实效的影响等，应是大学生创业的进一步研究中须重点关注的重要内容。

第三节 国内职业教育质量保障体系研究的着重点

一、区域职业教育质量保障体系的研究

幅员辽阔、区域经济发展不均衡是我国的基本国情。在职业教育方面

也体现了这一国情，特别是经济发达地区和经济欠发达地区、区域内的城市与农村，在职业教育发展方面存在着明显不均衡、不平衡的特征。也就是说，职业教育发展首先存在着区域差异。其次，在同一区域之内存在着区内差异。据相关研究显示，我国东部、中部和西部地区在农村职业教育方面差异极其明显。其差异主要体现在：首先，办学条件、毕业生就业空间、办学规模等方面显现差异；其次，农村职业教育发展模式和发展水平存在差异；最后，职业教育办学经费的筹措方式和投入力度存在差异。涂三广（2014）深入研究了体育职业教育质量保障体系建设方面的问题，他认为，当前职业教育内涵建设的关键在于职业教育质量保障体系的建设，应该结合我国当前职业教育质量保障，构建一个完善的保障体系——“一个机构、一套标准、两个平台、两个循环系统”。[5]也就是说，成立一所区域管理委员会，对区域内的职业教育进行统一管理；形成一套职业教育质量标准，该标准须得到区域内教育体系的普遍认可；最后借助于现代技术对区域职业教育进行全面监控，从而保证整个区域职业教育质量的持续提升。

王春燕（2017）在《发达地区职业教育质量提升的理念机制和实践体系》中，结合我国经济发展和科技进步等方面的因素，深入地分析了职业教育人才需求方面的问题。文章中明确指出，应该借鉴国际先进经验和发达国家的做法，利用现代职业教育质量保障理论，结合我国职业教育的具体状况，构建完善的职业教育质量实践体系。该体系以学生为中心，坚持持续改进质量观，实现内外驱动相结合，并不断优化质量管理理念和机制，从多个方面推动职业教育质量实践体系的发展和完善，包括专业设置、内涵建设、教师准入及制度体系等。[6]

二、职业教育质量保障机制的相关研究

针对职业教育质量保障体系的运行机制的理解，应该通过对责任主体及关系、运行逻辑、运行模式和特征进行分析。周祥基（2018）在《基于PDCA循环的职业学校教学工作诊断与改进的作用路径探析》中深入地分

析了职业学校教育工作诊断和改进方面的问题，他认为，职业教育质量的高低对国民经济发展起着决定性作用，而职业学校教育质量的提高关键在于教学诊断与改进工作的开展状况。利用PDCA质量环的作业法，能够促进职业院校教学诊断与改进工作的顺利进行，实现此类院校“需求导向、自我保证，多元诊断、重在改进”的目标，同时实现技术技能人才培养质量的提升，从而为社会输送更多的有用人才。[7]

张科丽、李强（2014）选取了欧洲职业教育与培训作为研究对象，深入地分析了欧洲国家的职业教育和培训质量提升方面的相关问题。两位学者在研究中指出，欧盟为了支持欧洲职业教育和培训质量保障体系的发展和完善，专门设计了在线软件工具——“质量环”（EQAVET Quality Cycle），该工具从性质上看是一个职业教育质量保障领域的合作平台，主要供欧洲国家学习和使用。成员可以在平台上学习其他国家的优秀方法和经验，同时利用平台功能对本国职业教育质量保障体系的运行状态进行全面监控。该平台共分为4个阶段，包括计划、实施、评估和复查，能够帮助成员国对自身的职业教育和培训体系进行全面的监控、有效评估，同时学习他国经验。[8]

三、职业教育质量保障体系的路径研究

和国际通行的质量监督与评估体系大致相同，我国把质量保障体系分为两个子体系，一是外部质量保障体系，二是内部质量保障体系。前者相当于国际流行的外部评估，后者相当于内部监控。职业教育质量保证体系的建设关系到国民经济发展和人才质量的高低，因此要注重内外部因素的有效结合，用内部质量保障体系促进外部质量保障体系的发展，然后在后者的指导与引领之下，促进前者的有效发展。内外部质量保障体系共同发展的同时，要注重教育评估、质量标准开发，同时要加强质量监控和评估体系建设。只有改变固有观念，才能够实现职业教育质量的不断提升。

马树超等（2011）在《探索现代职业教育体系建设的基本路径》中深

入地分析了我国现代职业教育体系的现状，回顾并反思了当前该体系的框架。研究的结果表明，我国基本上形成了现代职业教育体系理念，初步建立了基本框架和政策合力，结合外部适应性原则，我国应该围绕着产业发展对当下职业教育专业设置等问题进行调整，让产业体系和职业教育体系实现高度契合。[9]郭庆志（2016）深入地分析了我国高职教育质量保障制度建设方面的相关问题。研究的结果表明，我国高职教育当前已经进入了质量时代，教育质量的提升是国民经济发展的需求，也是今后社会经济发展的关键。高等职业教育当前和未来一段时期内工作的重点就是提高教育质量、形成保障教育质量的长效机制。[10]

第四节　本书的研究内容和方法

一、本书的研究内容

本书选取了湖南省高等职业教育质量保障体系作为研究对象，引入了多元评估分析模型，对保障体系的评估方法与策略进行了全面改进，提高了评估结果的使用效率，从而实现湖南省高等职业教育质量的提升。在调查过程中，笔者深入湖南省多所高等职业院校进行实地调研，获得了大量一手数据。通过数据分析发现该省高职教育质量保障体系存在着很多问题，并对其原因进行了全面探讨。然后借鉴英国和澳大利亚等发达国家在此方面的成功经验与方法，结合湖南省高职教育的具体情况，探索出提升该省高职教育质量保障体系有效运行的具体路径。

根据调查的结果，我国创业教育和高职学校整体的教学体系并没有实现有效融合，甚至和专业教育存在着一定差距。部分高校对创业教育重视程度不高，没有设置专业课程，只利用选修课或者课余时间进行教育。此种模式让创业教育脱离了学科专业，成为可有可无的内容，导致教师和学生的积极性与主动性很难得到有效调动。创业教育只有和专业教育、知识教育实现高度融合，才能发挥创业教育的功能，才能推动创业教育的有效开展。如何实现创业教育和专业教育的有效融合，如何改善当下教育内容和教育模式，是当前创业教育顺利开展所必须解决的问题。

本书研究内容包括：

第一章的绪论，主要借助于全面质量管理理论、创新创业理论对湖南省高职教育质量保障体系的有效性进行全面研究。首先在各种文库中搜索有关高等职业教育、质量保障体系等方面的文献资料，然后对文献资料进行梳理和分析，从中提炼出本书的研究内容和理论基础，为研究的进行夯实基础。

第二章的大学生创业的相关理论及社会评价，在对创业的定义进行界定的基础上，厘清了创业教育、教育质量保障体系及创业教育绩效评价的基本概念与基本理论，提出了社会对大学生创业的评价及其地方高校的应对举措。重点是明确本书研究中的结论、创新点和局限性，并在此基础上提出相应的思路和研究重点。

第三章的湖南省高等职业教育质量保障体系的现状分析，认为建立和完善质量监控与保障体系是有效提高高等职业教育质量的基础工程，是高等职业教育持续健康发展的关键。本章以湖南部分高职院校为对象，剖析湖南省高等职业教育质量保障体系存在的问题及原因，并进行调查，试图在了解和分析高等职业教育质量监控与保障体系建设现状的基础上，从高职院校外部——省级教育行政部门、社会力量和高职院校内部，探讨实施高等职业教育质量监控与保障的有效对策。

第四章的湖南省优化创业环境的问题及其优化路线图，认为优化湖南地方高校的创业环境已经刻不容缓。湖南省创业环境虽然取得了很大发展，但湖南大学生创业环境还存在着问题。为此，设计好湖南省创业环境优化的路线图刻不容缓。

第五章的工商管理专业学生创业教育现状调查及创业教育模式的探索，主要基于工商管理专业学生创业教育发展的现实情况，得出相关结论为，湖南省工商管理专业学生创业教育教学质量近年来虽然有所提升，并初步建立了工商管理专业学生创业教育质量保障体系，为地方经济发展培养有用人才，基本满足了地方经济发展对人才的需求，但是针对职业教育方面的法律法规不完善、不充分，缺少第三方评估机构，没有建立完善的信息平台，评估结果使用局限性比较大，确保问责和改进机制等，上述原因影响了工商管理专业学生创业教育质量保障体系的有效发展。为此，本章重点讨论了工商管理专业学生创业教育中存在的问题，探索工商管理专业学生创业教育发展模式，并构建了工商管理专业创业教育模式图。

第六章的高职数控技术专业创业能力和实践能力培养模式的探索，借鉴英国和澳大利亚等数控技术专业创业能力和实践能力培养方面的经验，结合湖南省数控技术专业创业教育质量保障体系的发展现状及问题，着重分析双证融通情境教学工学结合模块工作过程及专项能力培养的核心要素，构建了双证融通情境教学工学结合模块式课程体系，并进行双证融通情境教学工学结合模块教学方案讨论。在此基础上，基于双证融通情境教学工学结合模块教学流程设计，提出了我国高职教育保障体系建设和完善的相关建议，为湖南省高职教育质量保障体系的建设提供依据。

第七章的旅游管理专业学生创业能力评价指标体系及其培养模式的构建与研究，认为高等教育的大众化在提高湖南省教育水平的同时，也在一定程度上出现办学同质化、与市场需求脱钩以及学生缺乏创新创业能力等问题。湖南地方高校的转型发展应遵循“职业能力养成”的方向，成为高层次应用技术型人才的培养主体。“校企联合人才培养”无疑是应用技术型人才培养的理想模式。本章在分析旅游管理专业创业型人才培养现状的基础上，构建了旅游管理专业大学生的能力评价内容和评价体系，并基于CDIO 理念提出了旅游管理专业“CC-SS-KAQ”创业型人才培养模式，提出了实施“CC-SS-KAQ”创业型人才培养模式的着力点。

第八章的基于 TOPSIS 模型的湖南省高职院校创业教育质量评价体系的构建与研究，认为“双创”战略实施以来，社会对于创业型人才的需求更加旺盛，使得创业教育成为学术界和实业界的热点问题。如何评价高职院校创业教育的质量，以便找出目前高职院校创业教育所存在的问题也因而备受关注，因此需要一套客观公正的评价方法。本书将研究目标确定为湖南五所高职院校，利用熵权法辅助，将客观的评价指标体系构建起来，以 TOPSIS 为支撑，按照优劣顺序对不同参评对象进行排列，从理论角度支撑了创业教育评价体系的构建和现实操作能力的提升。

第九章的基于 AHP 的湖南省高等职业院校创业教育质量综合评价体系的构建与研究，认为随着我国越来越重视双创教育的发展，国内高等职业院校双创教育工作已然进入了新的发展阶段，这就对高等职业院校创业教育管理工作提出了更高的要求，也就迫切要求各高等职业院校提高创业教育管理能力，为科技创新驱动发展保驾护航。本章通过查阅文献与专家调查法确定高等职业院校创业教育质量的主要影响因素，并运用 AHP 分析法确定各影响因素的相对权重，结合模糊数学构建高等职业院校创业教育质量综合评价模型，以 A 高职学院创业教育管理工作为例，对其管理能力进行了实证分析，对推动高等职业院校创业教育质量评价研究具有重要的理论和实践意义。

第十章的国家双创战略背景下高职院校创业教育发展的要素分析和路径选择研究，认为创业教育发展模式在不断优化发展的过程中，要注重对核心内容以及相关机制等要素的进一步完善。在这一过程当中，创业教育与高等教育活动具有密不可分的关联性。因此，高职院校创业教育发展的核心环节是对高职院校发展的核心要素进行优化。本章通过对湖南省高职院校创业教育发展的现状分析，从办学定位、学科建设、创业人才培养、师资队伍建设和高职院校管理等五个方面为湖南省高职院校创业教育发展提供依据。

第十一章的湖南省大学生创业政策绩效综合评价及政策体系优化策略研究，认为近几年来，我国大学生就业呈现就业困难的现象。由于我国经济结构的转型，大学生创业成为当下的一个热点，我国政策给大学生创业提供了良好的保障。但是大部分学生的创业成果并没有得到显著的提高，与世界的水平相差甚远。本章将以湖南省大学生创业为例，评价湖南省大学生的创业绩效，并就如何解决大学生创业困难的问题提供政策优化的策略。

总之，本书的主要目标是针对湖南省在建设高等职业院校创业教育质量保障体系中存在的问题，探索适合该省高等职业院校创业教育质量保障体系有效的建设策略。具体包括以下 8 条策略。一是完善相关法律法规，走制度化和法制化建设之路；二是政府主导、多方参与，完善该省人才发展模式；三是利用元评估分析模型，对该省的评估指标进行判断，完善评估标准，提高评估指标的有效性；三是建立专业化的评估机构，可以利用第三方专业化评估，提高评估的科学性、规范性；四是发挥院校主体作用；五是加快信息平台建设，借助先进的信息技术对校园动态进行全面监控；六是构建积极的校园文化，在师生中宣传教育质量理念，形成自律意识；七是坚持多种评价手段，包括学生评教、教师互评等等；八是实现教学资源共享，为社会输送合格人才，实现高等职业教育的可持续发展。

二、研究方法

1. 文献研究法。针对本书所研究的高等教育质量保障体系，笔者通过多种方式搜集了大量的文献资料和网络数据，然后对这些文献资料与数据进行了全面整理、分析和总结，全面了解了研究对象的具体情况，明确了元评估、评估效率及质量保证体系等方面的相关概念，构建了此方面有效性分析框架，为本书的研究提供理论方面的依据。

2. 比较研究法。选取不同国家教育质量保障体系作为对比分析对象，分析其中的异同，对比分析的内容包括各国职业教育发展背景、运行机制及运行效果等，然后结合我国高等教育质量保障体系的有效运行提出相关建议，为本书的研究提供实践方面的依据。

3. 实证研究法。本书选取的研究对象为湖南省高等职业教育质量保障体系，笔者深入湖南省各大高等职业院校进行实际调研，了解教育质量保障体系方面的相关问题，搜集一手资料，分析其运行效果，具体调研对象包括湖南环境生物职业技术学院、永州职业技术学院、湖南高速铁路职业技术学院等。

注释

[1] 杨应慧，黄志荣. 当前大学生就业现状及对策研究[J]. 南昌高专学报，2008，23（3）：114-116.

[2] 共青团中央，中华全国青年联合会，国际劳工组织组编. 大学生 KAB 创业基础（试用本）[M]. 北京：高等教育出版社，2007：122.

[3] 王承强. 大学生自主创业的对策研究——基于威海市大学生自主创业调研[J]. 山东工商学院学报，2010（5）：123-126.

[4] 十八大报告表明政府要扶持大学生创业[N]. 中国教育报，2013-01-8.

[5] 涂三广. 区域职业教育质量保障体系建设：方法、思路与建议[J]. 中国职业技术教育，2014（30）：30-35.

[6] 王春燕. 发达地区职业教育质量提升的理念机制和实践体系[J]. 中国职业技术教育，2017（15）：22-27.

[7] 周祥基. 基于 PDCA 循环的职业学校教学工作诊断与改进的作业路径探析[J]. 中国职业技术教育，2018（5）：37-40.

[8] 张科丽，李强. 欧洲职业教育与培训质量保障"质量杯"研究[J]. 职业技术教育，2014（19）：89-93.

[9] 马树超，郭扬，范唯. 探索现代职业教育体系建设的基本路径[J]. 中国高教研究，2011（16）：23-27.

[10] 郭庆志. 新时期高等职业教育质量保障制度建设的思考[J]. 中国职业技术教育，2016（5）：14-19.

第二章　大学生创业的相关理论及社会评价

随着经济全球化程度不断加深，知识资本化、信息网络化时代的到来，创新和创业成为社会经济发展不可缺少的动力，特别是大量优秀创业者的成功，激发了大学生创业的热情，如比尔·盖茨、马云、迈克尔·戴尔、陈天桥、史玉柱等，这些创业者的成功深深吸引了大学生的关注，甚至成为很多大学生的梦想。大学生如何创业、创业的条件、怎样才能成功等，一时间成为社会各界关注的焦点。

创业要想实现成功，离不开创业教育。高等教育近年来纷纷引入创业教育，创业教育也因此得到了快速发展。纵观创业教育的发展过程，可以分为三个阶段，包括创新教育、创业教育和创新创业教育等，本章针对创业教育相关概念及关系进行全面分析。

第一节　创业的基本概念

一、创业学中创业的定义

“创业富民、创新强省”是近年来湖南省为了实现社会经济的发展，提出的“两创战略”，无论是富民还是强省都离不开创业。由此可见，创业不同于传统就业，而是一种创新的劳动方式，也就是说传统就业就是给老板打工，而创业则是自己当老板。

现代创业的概念来自 Entreprener，其具体内涵就是创业者、企业家。针对创业的定义，学术界往往从经济学的视角对其内涵进行论述，创业可以是一种新的劳动方式，也可以是一种新的劳动行为，学术界对此进行了广泛研究，得出了多个结论，其中有代表性的包括以下两种。[1]

（1）创业本质上是一种推理、思考和行为方式，在此方式的驱动之下，实现价值的产生、增加，其价值为创造者、参与者和利益相关者所共有。[2]

（2）创业实质上是利用新颖的产品或服务实现其潜在价值的过程，其前提条件就是能够发现、善于捕捉机会，并善于创造。[3]

广义的创业指的是个体根据自身的兴趣、爱好及能力等选择适合自己的职业，实现自身的人生目标。[4]

在 2008 创业周暨全球创业周中国站主题活动中，许晓鸣（上海理工大学校长）全面阐释了广义创业的内涵。他认为，广义的创业实质上是一种创新想法实现的过程，而创新想法可能是一种服务，也可能是一种活动等。

二、广义和狭义的创业定义

广义的创业实质上包含了两个内容，一个是岗位创业，另一个是自主创业。前者指的是在现有的岗位上发挥自身的聪明才智，实现岗位目标，完成岗位任务，创造出更多的财富，同时实现自身能力和素质的提升。岗位创业是利用现有的岗位资源创造出最大价值的过程，是一种开拓性的就业。

而狭义的创业指的是自主创业，创业者个人或者团队白手起家、从无到有地进行创业，创造出更多的价值和就业机会。

创业的主体可以是个体，也可以是团队，社会中的任何一个人都可以成为创业主体。而大学生创业则是其中特殊的一类群体，他们有着强烈的创新精神、创新激情和创业动力，同时拥有一定的专业知识和能力，能够理性地去思考、判断和推理，借助各种先进服务、技术等实现创业成功。

大学生创业群体包含的内容非常广泛，包括应届大学生、往届大学生和在校大学生，同时还包括拥有大学文凭的社会人员。本书研究的对象是衡阳市在校大学生及应届毕业生。本课题组所研究的创业指的是大学生的自主创业，此种模式的创业是大学生凭借着自身的创业能力，利用所学的专业知识和技能、借助于市场运作和企业管理模式，实现社会财富的创造、实现大学生自我价值的过程。

大学生自主创业是一种新的就业方式，是新一代大学生就业的方向。虽然当下真正走上自主创业道路的大学生所占比例比较低，但是有很多有理想、有胆识的大学生已经产生此方面的梦想，努力为自身职业选择开辟新道路，同时是当代大学生积极主动参与社会竞争的一种有效尝试。

“创意”在字典中的解释为创造性的想法、构思等，创意从本质上看就是打破传统、打破常规，是一种创造性的想法。

经济学中对创新进行了全面解释。早在 1912 年，著名的经济学家熊彼特就在文章中对创新进行了全面解释，他认为，新的生产要素和生产条件相结合，所形成的新的生产体系就是一种创新。创新需要五个条件，一是引入新产品，二是引入新的生产方法，三是开辟新市场，四是获得新的原料来源，五是获得新的半成品来源。[5]

根据熊彼特的创新理论，只要涉及技术性或非技术性的变化，就称之为创新。创新实质上就是利用已经存在的自然资源、社会要素创造出新的矛盾共同体，代替和覆盖旧的矛盾融合体。而创新是一种人类行为，是社会发展不可缺少的因素。

笔者认为，创新和创业两者关系非常密切，创业从本质上体现了一种创新的劳动方式，只有在创意的支持之下才能实现创新，只有在创业的实践中才能体现出创新的价值。

第二节　创业教育的基本概念与基本理论

美国是最早提出创业教育的国家，随着美国社会经济增长模式的快速转型，创业教育得到了蓬勃发展。创业教育在英文中的全名为 Entrepreneurship Education，翻译成中文是创业精神教育或者企业家精神教育。东京创业教育国际会议于 1991 年召开，此次会议上对创业教育的概念进行了明确界定，只能是培养最具有开创个性的人，而开创性个性的内容非常广，包括首创和冒险精神、创业和独立工作能力，以及技术和社交与管理技能能力等。创业教育从其内涵上看包含两方面含义。第一，对学员的创新行为方式进行重点培养，是意识层面的内涵；第二，其教育目标就是挖掘机会、组织资源、实现盈利和可持续发展，是实践层面的内涵。[6]

（1）在 1991 年的东京会议上，联合国教科文组织对创业教育进行了定义，指的是培养具有开创性个人的教育。开创性个人指的是那些具有首创和冒险精神，具有一定独立工作的技能、创业能力，以及社交和管理能力的人。[7]

（2）贝沙尔和图卢兹是创业教育的先驱，两位学者认为，创业教育是一种集教育和创造为一体的教学模式，教育的对象是对商业创造、中小企业发展有兴趣的人。创业教育就是集合各种信息，实现项目和计划创造性发展的过程，商业活动的各种因素在创业教育的组合之下通过全新的整合实现财富的创造。[8]

（3）美国学者柯林和杰克认为，通过创业教育，能够让个人具备一定的商业认知能力，能够洞察创业机会，利用自己的知识和技能来实现创业成功。[9]

针对创业教育概念，学术界虽然提出了不同看法，但当前的观点主要集中在两方面：第一，狭义的创业教育——让学生掌握创办企业的能力，教会学生经商；第二，广义的创业教育，主要指的是在创造和创新教育的基础上，让学生具备一定的创业精神、技能、理念和创业人格。

创业教育概念诞生之后得到了快速发展，也得到了社会各界的普遍认同，有发展成为专业教育的可能。美国是最早提出创业教育概念的国家，经过多年的发展，已经形成了完善的创业教育体系。很多商学院根据市场发展的需求开设了创业学专业、创业系，专门培养高层次的创业人员。创业教育传入我国的时间不长，当前尚处于发展的初级阶段，很多工作缺乏创业意识、创业文化，没有形成良好的创业环境，创业教育尚存在着不完善之处，这就导致了我国当前还没有设置独立的创业专业，创业教育和专业教育之间还存在着差距[10]。

一、创业教育基本理论

（一）创业及创业教育

马修（全球创业联合会主席）深入地研究了和创业相关的内容，并对创业进行了明确定义。他认为，创业实质上就是创造新业务模式或者是创造新产品的过程。郁义鸿（复旦大学教授）对此进行定义，认为创业事实上就是一个发现和捕捉机会、创造价值的过程。创业者只有发现和捕捉到创业机会，创造出新颖的产品或服务，才能挖掘其中的潜在价值，实现财富创造。创业一般情况下是从经济学的视角对其进行分析，借助于市场优势、利用各种资源获取利益的过程。

在 1991 年东京会议上，联合国教科文组织明确指出，广义的创业教育实际上就是培养具有开创性个人的教育，无论是用人机构还是个人，越来越重视具有首创和冒险精神的人，特别是能够独立工作、拥有一定创业技能、善于社交和管理的人，成为用人机构首选人才。针对创业教育的概念，国内学术界也进行了广泛研究，提出了多个观点和看法，其中相同的观点集中在：创业教育不能等同于创建企业教育。地方高校创业教育实质上就是培养大学生的创业综合素质，并形成一定的创业能力，创业综合素质指的是大学生的创业意识、思维和技能等。

（二）创新与创业

创新与创业的概念具有一定的联系和区别。首先，创新指的是不甘于现状、勇于开拓、善于变化的一种精神和态度，主要指的是思维层面的创造；创业指的是一种新事业、新岗位、新企业的开创、开拓，主要指的是行为层面的创造。两者之间具有密不可分的关系，创新是进行创业的基础，是创业的核心和本质。只有具备创新的思维和意愿才能够抓住市场机遇，通过一系列的创业行为实现创业成功。创新和创业分别属于思维层面、行为层面的概念，在前者的作用下才能出现后者，只停留在思维层面而缺乏行为层面的创业，则无法实现创业成功。

（三）创新教育与创业教育

培养大学生创新精神和能力是创新教育的目标，开发大学生创业素质、形成创业能力则是创业教育的目标。由此可见，在目标上两个概念具有一致性，其目的就是为了培养大学生的创新精神和能力，因此两者在内容结构方面具有一定的一致性，相辅相成。创新教育是否能够取得一定成效，具体是通过创新实践来评估和检验的，创新教育程度越高，创业成功率越高，两者呈现出明显的正相关。

2010 年，各大高等学校纷纷开展各种形式的创业教育，大学生自主创业工作进入了一个新的发展阶段。在推进高等学校创业教育和促进大学生自主创业的工作会议上，教育部对于相关工作进行了全面部署，并下发了相关文件。在全国普通高校毕业生就业工作视频会议上，袁贵仁（教育部部长）再次强调，鼓励地方高校毕业生自主创业，各地要为自主创业的大学生提供各种条件和帮助。地方政府和高校要针对大学生自主创业工作重新部署，培养大学生的创业精神和能力，推动创业教育的快速发展。创业教育不是一蹴而就的，需要多个部门、社会各界的共同配合，让创业教育理念能够在实践中得到有效落实。

（四）创业教育的内涵研究

针对创业教育，国内学术界的理解集中体现在三个方面。有的学者认为，创业教育从性质上看就相当于创新教育；有的学者认为，创业教育是一种兼顾创新和创业教育的教育，其中创业教育是重点；有的学者认为，创业教育相当于企业创新教育。石国亮（中国马克思主义研究中心常务副主任）在研究中指出，创新教育和创业教育在内容上有一定相似之处，但创业教育并不是两者的简单叠加，实质上是对两者的一种超越。这种超越不仅体现在理念上，还体现在内容上。创业教育是一种全新的概念，其内涵就是培养大学生的创新精神、意识和能力，从而推动高等院校教育观念、教学内容及方法，以及人才培养模式的改变，让高等院校培养的人才更符合社会发展的需求，实现人才培养质量的不断提升。创业教育的核心包括创新与创业，两者之间相互作用和影响。[11]

（五）创业教育和专业教育

在我国，专业指的是高等学校的一个系里，根据科学分工或生产部门的分工把学业分成的门类。专业教育主要是指对学生进行的教育内容按照学科发展和行业分工要求，分成一定的类别，然后对学生进行专业性、针对性教育。专业教育伴随着职业和学科分化而出现，通过教师专业化、系统化的教授，让学生在特定领域掌握一定技能的教育。专业教育的职业倾向性非常明显，学生通过专业教育获得知识和技能，然后凭借知识和技能实现工作，因此专业教育和实际工作之间关联性比较强。专业教育的目的就是为社会培养专门人才，我国高等教育自古以来就是以专业教育为主，专业教育因而得到了规范化发展，当前已经形成了完善的专业教育体系和框架。

二、创业教育和专业教育有机结合的必要性和可行性

两者之间相互作用和影响，创业教育和专业教育只有实现有效结合，才能取得良好的教育效果，因为专业教育的目的就是让学生掌握一定的知识和技能，能够顺利地进行社会生产实践。专业教育培养的人才具有一定的针对性，是某一行业和专业领域的专家。学生通过专业教育，能够掌握某一领域、某一职业所需的知识和技能，只能在某一行业或某一专业领域中施展自身的才华，在其他领域则无法展示其才华。因此专业教育对学生来说是一种知识、能力和思维的固化，此种教育模式很难培育出具有创新能力的人才。高等教育专业化发展在当今时代下面临着专业化方面的困惑，

破除这种专业化的有效方法就是把创业教育的理念融入专业教育中。

专业教育培养的是专业性人才、适合某个行业或某岗位需求的人才，是创业教育的技术。学生通过专业教育能够获得专业知识和技能，能够形成实践操作能力，在此基础上才能够进行创业。因此，培养具有创业能力的专业人才是当前高等职业院校改革的关键，其改革必须根据创业人才培养的专业教育模式，对当下的教育思想、专业设置、教学内容及方法，以及培养模式等进行全面改革。适于创业人才培养的专业教育模式培养的人才适合当前时代发展的需求，具有基础扎实、知识面宽、专业能力强的特征。随着现代科学综合性的不断提升，对复合型人才的需求更加旺盛，要求人才具有更广阔的知识面和技能，能够满足社会发展多方面的需求。只有将创业教育和专业教育有效结合，才能够满足当前社会对人才的需求。

创业教育适应了时代发展的需求，是教育观念的一种转变，教育是实现人类文明进步的基础，其目标就是让个体能够成就和超越自我。对于高等教育来说，专业教育和创业教育的目标都是培养适合时代发展、能够为经济建设助力的高级人才。两者的教育的目标具有高度的一致性，把专业教育和创业教育有效结合起来，才能推动教育的有效发展。创业教育和专业教育相互联系和作用，后者是前者的基础，前者又能够进一步强化后者。对学生进行一系列的创业教育，能够让学生获得创业教育方面的理论和经验，形成创业的意识和品质，同时能够把所学的技能和知识运用到具体实践中，抓住市场机会，创造出更多的价值和财富。而创业的成功能够进一步激发学生学习专业知识的兴趣，体现专业教育的潜在价值。[12]

创业教育体现了以人为本的教育精神，其目的就是促进学生全面协调发展，是一种全面培养人的教育，完全可以融入专业教学体系中，成为大学生课堂教学的一部分。也可以在专业知识中融入创业教育的相关内容，借助专业教学培养学生的创业意识，提升学生综合创业技能，促进学生整体素质的提升，让学生能够更好地适应当下社会发展的需求。过去的教育观念强调的重点在于专业教育或者创业能力培养，忽略了两者之间的联系，但强调任何方面而忽略另一方面，都不利于对学生创新能力的培养。

纵观当下针对创业教育理论的研究，很多学者抛开了专业教育单独对创业教育理论进行研究，研究的结论具有一定的局限性。在创业教育实践中，部分地方高校同样存在着上述现象，没有把专业教育、知识和创业教育融为一体来进行综合性讲授，而是单一地进行专业教育，或者单一地实施创业教育，此种教育模式严重削弱了教学的整体效果。根据上述分析可以看出，创业教育与知识和专业教育有着密不可分的关系，在进行创业教育的过程中，不能脱离知识和专业教育，因为人的创造性的形成是一个系统的过程，首先需要经过现代科学知识的熏陶，其次需要经过人文知识的教化，最后才能通过潜移默化的形式形成个体的创造能力。创业教育只有和专业教育、知识教育实现有效融合，才能够在具体的专业教育中渗透创业教育理念，在理论和实践相结合的过程中，培养出具有创业素质的专业人才。

第三节　社会对大学生创业的评价

一、创业的评价

针对大学生创业，社会各界关注度非常高，但是看法各不相同。在两会期间，就有人明确提出不支持大学生毕业后创业。但也有很多人认为，大学生毕业之后应该自主创业。针对大学生创业的争议，集中体现在家长和社会舆论方面。

（一）创业与学习的冲突

很多家长认为，大学期间正是大学生学习知识、获得技能的关键时期，让这一时期的大学生去创业、去赚钱，会荒废学业，这一点显然违背了高校的教育宗旨。大学生若在校学习期间就深受此方面思想影响，会导致“向钱看”、拜金主义等不良习气增长，会影响到大学生的健康成长。有的人认为，大学生不好好学习知识和技能，想方设法地去创业，是一种不务正业的行为，因为大学生没有社会经验、人脉关系，所谓的创业就是一种瞎折腾。还有的人认为，大学生所谓的创业就是一种兼职打工，挣钱不多，反而浪费了学业。笔者对衡阳大学的学生进行调查，其中有部分人已经开了公司，也有很多人兼职打工，休学创业的个案也有。很多教师表示，这种为了创业而旷课的现象非常普遍，影响了大学生知识和技能的获得，扰乱了正常的教学秩序。

（二）创业与就业的冲突

在调查过程中，很多家长和学生仍然受传统观念影响，就业观念比较陈旧，自主创业不被人看好，甚至被作为找不到工作的情况下的无奈选择。很多大学生也表示，如果找不到好的工作就去创业，比如开个店，有的大学生为了逃避就业，打着创业的旗号无所事事；也有的大学生认为创业之后就可以当老板，不用看别人眼色，并且工作自由，因此选择创业。

（三）创业与社会经验的冲突

创业是大学生就业的一种方式，不应该成为逃避课业的借口，也不应该成为推卸社会责任的理由。首先，大学生刚刚踏出象牙塔，缺乏社会和职业经验，缺少人脉，创业过程中困难重重，特别是筹措资金困难成为影响大学生创业的关键。很多大学生虽然选择了华丽的创业项目，但是这些项目华而不实，经不起市场考验，商业前景令人担忧，很难获得各方支持。其次，当代大学生从小生活在无忧无虑的环境之中，被父母所溺爱，缺少社会和个人责任感，遇到挫折就灰心丧气，丧失了进取精神。再次，部分大学生在创业之前会多方求证，一旦听到创业过程中的艰难，就会望而却步，甚至没有尝试就放弃。还有，很多在校大学生商业信用缺乏，很难赢得社会信任。所以年轻人创业面临着重重困难，会对年轻人创业造成严重的不良影响。

虽然针对大学生创业，社会上的负面评价很多，但是创业是社会进步、人类发展的基础，大学生创业虽然存在着负面影响，但也有很多正面支持。

无论是政府、地方高校还是社会各界，纷纷鼓励大学生创业，并为大学生创业出台了一系列的优惠政策，创造了很多条件。有的支持者表示，大学生受过高等教育，掌握着科技前沿知识，可以利用自己的优势进行创业；有的支持者表示，大学生在创业初期，可以锁定同龄人作为消费群体，因为大学生对同龄人的消费观念、消费习惯了解比较深刻，有利于创业成功。因此，大学生创业具有以下几点优势。首先，大学生能够主动接受新事物，具有较强的领悟力，并且拥有一定的专业知识和技能；其次，大学生思维敏捷，掌握一定的信息知识和技能，能够借助先进的科学技术实现创业成功；最后，大学生年轻、精力旺盛、没有家庭负担，创业过程中能够获得来自家庭等方面的支持。对于创业者自身来说，通过自己的创业能够减轻家庭负担，创造出一定的经济价值，能够让自身更好地适应社会发展。

二、地方高校的应对

针对大学生创业，地方高校面临着来自社会和家庭的双重压力。很多高校明确表示，大学生创业当前虽然面临很多问题，但是鼓励大学生创业却是社会发展的必然，高校、政府和社会将为大学生创业创造更多条件，完善当前的创业教育体系，帮助大学生实现创业成功。

（一）积极寻找实践载体，奠定创业理论实践双基础

各大高校针对大学生创业采取了一系列措施，比如开设创业课程、引进多种形式教育、和知名企业家进行座谈活动等。衡阳各地高校结合自身的具体情况，建立了创业文化，比如有的高校设置了创业文化节，邀请社会各界成功人士、成功企业直接和学生面对面接触，大学生能够直接和企业进行对话。特别是资源相近的项目很容易达成合作协议，大学生可以利用企业的资源提高自身创业的成功率。

创业过程是理论落实到实践的过程，理论和实践只有有效结合才能实现创业教育的目的，仅有理论缺少实践很难实现创业教育目标。大学生创业精神培养的基地就是地方高校，所以地方高校首先要让大学生掌握创业

的相关理论，其次要为大学生创造更多的实践机会，让大学生能够在实践中获得创业知识和技能。除此之外，还要不断提高创业师资队伍建设，只有拥有一支实力雄厚的师资队伍，才能够对大学生创业进行有效指导。湖南科技经贸职业学院创业园区 80% 的教师都有自己创业的经历，或者正在进行创业，能够把自身经验传授给大学生，同时带动大学生一起进行创业。

创业能力是在实践中不断形成的，仅仅只靠理论学习和培训，缺乏具体实践，无法培养出创业能力。创业教育的内涵非常广，大学生除了自身理论和专业知识学习之外，还要积极、主动地参加各种实践。在毕业之前就具备相应的创业条件，拥有一定的创业能力，才能把握住机遇，获得创业成功。

（二）积极引导转变就业观念，走创业新道路

深受传统就业观念的影响，很多大学生仍然沿袭着传统路径选择就业。但随着就业人数的增加，就业压力不断加大，大学生按照传统就业模式很难找到理想的工作。而新一轮经济的发展需要更多的创新型人才，需要大量的具有激情的创业者来推动。创业是一种新的就业方式，和传统的就业相比，大学生创业要考虑的问题比较多，同时会深受各种因素的影响。地方高校首先要转变就业思路，形成创新创业的理念，打破传统就业模式，开创新的就业和创业之路。纵观当前大学生创业，有的大学生基础业务知识不牢固，直接把自身定位于管理者，一副高高在上的样子，缺乏创业者的踏实肯干，此种状况很难实现创业的成功。对大学生来说，创业是职业生涯的一个新起点，创业过程面临着各种问题和困难。同时创业还需要具备更多的条件和机遇。大学生只有具备优秀的基本素质、协调统筹能力与合作精神才能够抓住市场发展的机遇，积极主动地应对来自市场的挑战，才能在激烈的竞争中胜出。创业过程的艰难对大学生来说是一种严峻考验，经受得起考验的大学生才能在创业道路上持续前行，取得人生的辉煌。

（三）积极创造良好的舆论氛围，与社会互动培养

大学生年轻有为，具有很强的创造力，并且具有初生牛犊不怕虎的创

业激情。社会如果能够对他们加以引导，为他们创造出更多的条件，不断增强他们的创业素质，创业成功率定会不断提升。因此地方高等院校应开展创业教育，对大学生创业方面进行多种方式的辅导和提升，培养大学生的创业意识，对大学生进行职业生涯设计，锻炼其管理能力，让大学生掌握一定的营销方法，实现创业层次的提高。高等院校在教学设计方面要注重创业实践环节的设计，首先要不断加强教师队伍建设，其次需邀请企业、工商、税务等各界人士和大学生进行座谈，相互沟通和交流，最后，要为大学生提供更多的实践机会。

大学生创业是国家为了解决大学生就业问题而提出的一个战略，其过程深受各方因素影响。除了教育部门和地方高校要为之付出努力之外，还需要来自社会各界的支持，包括行政事业单位、国家法律法规，以及家长的支持和理解。只有创造更多的条件，才能让大学生创业取得成功。如果失去了来自各方的支持，大学生创业过程将更加艰辛。很多家长希望孩子毕业之后能够找到一份稳定的工作，不愿意孩子去吃苦创业，因此很多大学生创业者都是瞒着家长偷偷进行创业。课题组在调查过程中就遇到了很多偷偷创业的大学生，只有创业有所起色、取得一定成就之后，才敢告诉父母。由此可见，家庭和社会会直接影响到大学生的创业过程。

大学生创业离不开地方政府的各方支持。为了促进大学生创业，提高大学生创业成功率，地方各级政府要积极搭建资金筹措平台、创业咨询平台及风险保障平台，为大学生创业提供各方面的保障和帮助。比如在资金筹措平台上，只要符合条件的创业者就能够获得来自平台的小额信贷。如果项目前景可观，大学生有一定的开拓能力，就能够获得更多来自平台的资助；在创业咨询平台上，多家中介机构和专业的咨询公司专门为大学生创业提供服务，比如筹措资金、确定方案及明确创业路径等。

大学生创业关系到社会的各个方面，是全社会的事情，社会各界应该大力支持，为他们创造更多的条件。政府部门要加大宣传力度，可以借助于榜样的力量，调动创业者的激情和热情，让更多的大学生参与到创业过程中。

注释

[1] 陈龙春，杨敏 . 大学生创业基础 [M]. 长沙：湖南大学出版社，2007：8.

[2] Jefrry Timmons. New Venture Creation [M] .Irwin McGraw-Hill，1999：98-114.

[3] 郁义鸿，李志能 . 创业学 [M]. 上海：复旦大学出版社，2000：12.

[4] 共青团中央，中华全国青年联合会，国际劳工组织组编 . 大学生 KAB 创业基础（试用本）[M]. 北京：高等教育出版社，2007：122.

[5] J. A，Joseph Alois Schumpeter. 杜贞旭，郑丽萍，刘星岗，译 . 经济发展概论 [M]. 中国商业出版社，2009，8：53.

[6] 中国教育部高教司，全国高职高专校一长联席会组编 . 纵横职场：高等职业教育学生就业与创业指导 [M]. 北京：高等教育出版，2005：104-154.

[7] 中国教育部高教司组编 . 创业教育在中国试点与实践 [M]. 北京：高等教育出版社，2006：126.

[8] 李楚英，王满四 . 美国大学创业教育模式及与中国比较 [J]. 高等农业教育，2010（2）：90.

[9] 蒂蒙斯，小斯蒂芬·斯皮内斯 . 创业学 [M]. 北京：人民邮电出版社，2005：36.

[10] 共青团中央，中华全国青年联合会，国际劳工组织组编 . 大学生 KAB 创业基础（试用本）[M]. 北京：高等教育出版社，2007：122.

[11] 国际劳工组织北京局编 . 创办你的企业——创业意识培训册 [M]. 北京：高等教育出版社，2009：16.

第三章 湖南省高等职业教育质量保障体系的现状分析

截至2018年底湖南省共有78所高等职业院校，据湖南省教育厅的数据显示，这些学校主要集中于湘中地区，同时教育质量已有所提高。《2017中国高等职业教育质量年度报告》显示2017年服务地方经济前50强中有三所湖南的高等职业院校，但在省级质量年报中湖南省的等级为B，在院校质量年报合规性评价得分低于全国平均数（83.4分），这些数据说明近几年来，湖南省的高等职业教育质量虽有所提高，但是要想培养出更多能服务地方经济建设的人才还需继续努力。[1]

在这一背景下，笔者通过对湖南省人民政府、教育厅、统计局、财政厅等相关部门官网的访问，查询相关数据，对湖南高职院校进行实地调研，从保障主体、运行过程及运行效果的角度来呈现调查结果。

第一节 研究设计与过程

一、研究设计

湖南省全省总面积是21万平方公里，2018年底，全省总人口是6 822

万，地区经济发展主要依靠第二产业和第三产业，而第二、第三产业发展需要更多的高素质技能人才，所以加快湖南省人才建设成为推动湖南经济发展的重中之重。研究湖南省高等职业教育质量保障体系能提升高职院校人才培养的质量，推动高职院校规范发展，满足社会经济发展的需要，增强湖南地区竞争力。因此，为了解湖南省高等职业教育质量保障体系的现状，需要调查其在建设中存在的问题与取得的成绩。首先，本章通过对湖南省人民政府、教育厅、统计局、财政厅及高职院校等相关机构官网的访问，收集相关数据进行整理。然后，赴湖南省四所高职院校进行实地调研，力求通过对湖南省高等职业教育质量保障标准的设计、实际运行状态的研究与分析，从中发现湖南省高等教育质量保障体系建设中存在的问题，提出有效发挥湖南省高等职业教育质量保障体系功能的对策与建议，以促进湖南地区经济发展和 38 所高职院校的可持续发展。

本章选取四所高职院校进行调研，分别是永州职业技术学院、湖南环境生物职业技术学院、湖南财经工业职业技术学院和湖南高速铁路职业技术学院。下面对这四所学校进行简要的介绍。

（1）永州职业技术学院是湖南省人民政府举办、湖南省教育厅主管的公办高等职业院校，是国家优质高职院校建设单位、全国高等职业院校服务贡献 50 强院校、湖南省优秀示范性高职院校。

（2）湖南环境生物职业技术学院创办于 1975 年，地处“中南重镇，国家老工业基地”的衡阳市。2007 年，该学院在教育部高职高专院校人才培养工作水平评估中获得优秀，是国家生态文明教育基地、全国职业教育先进单位、湖南省首批省级示范性高职院校。

（3）湖南财经工业职业技术学院是一所全日制公办普通高等职业院校，地处历史文化名城衡阳，创建于 1958 年，其前身为湖南省财经学校，学校办学历史悠久，底蕴深厚，2016 年立项为湖南省卓越高等职业院校建设单位，是湖南省示范性高职院校。

（4）湖南省高速铁路职业技术学院始建于 1951 年，由铁道部创办，是全国第一所以“高铁”命名的高等职业院校，被誉为铁路系统的“黄埔军校”，是全国职业教育先进单位，教育部人才培养工作水平评估优秀学校。

二、研究过程

在前期准备工作完成以后，笔者到永州职业技术学院、湖南环境生物职业技术学院、湖南财经工业职业技术学院和湖南高速铁路职业技术学院四所高职院校进行了实地调研，对学校的基础设施建设、校园文化、学生状态、专业建设、课程建设及信息系统建设等进行观察与了解，与教师、学生就质量保障体系的相关问题进行讨论，就高职院校如何提升教育教学质量，培养更多高素质、高技能的人才的问题进行深入沟通，从多角度、多层次分析湖南高职院校质量保障体系建设的情况及其运行的效果。

在研究过程中，了解到永州职业技术学院作为湖南省教育厅推荐的第一批参加全国高职院校内部质量保证体系诊断与改进的试点院校，抓紧机遇，全力构建符合学院实际情况的常态化内部质量保证体系，确立“需求导向、自我保证、多元诊断、重在改进”的工作思路，建立纵横联动、全覆盖的质量改进螺旋式运行机制，形成基于学院人才培养工作状态数据、学院各部门自主诊断与改进、质量监控办公室定期抽样复核的工作制度，落实了质量保证主体的责任，建立了常态化周期性的质量诊断与改进制度，完善了学院人才培养工作状态数据管理系统，形成持续诊断改进的良性质量保障支持系统。

湖南环境生物职业技术学院作为全国试点 27 所高职院校之一，认真学习、贯彻落实教育部、省教育厅整改文件精神，成立了质量管理中心，统筹推进内部质量保证体系的建设及诊断与改进工作，制定了学院内部质量保证体系的建设与运行方案。依据体系建设方案，扎实推进体系建设工作，编制了《学院 2016—2020 年事业发展规划》和《内部质量保证体系建设规划》等 12 个专项规划，启动了《专业建设标准》《课程建设标准》《教师发展标准》《学生发展标准》制定工作，进一步梳理了相关制度，着手进行《部门质量管理手册》编写工作，建成了云计算中心，实现了校园有线无线一体化、全覆盖和一卡通管理模式。

湖南财经工业职业技术学院积极响应教育部和教育厅的质量整改工作安排。首先，进一步完善各个教学环节的质量标准，健全教学质量监控的运行机制，甄选教学处室系部负责人，建立教师“三级听课”制度，教师教学竞赛制度，教学事故责任追究制度，以及系部、教研室和教师工作质量监控办法等，形成了完善的教学质量标准体系，为学院教学质量监控提供了科学依据。其次，为充分发挥教学督导在教学管理、教学建设等方面的重要作用，提高工作效率，建立了院、系两级教学督导组织，使教学督导工作全面开展。同时进一步健全督导制度，制定了教学督导工作条例。为体现学生在教学工作中的主体地位，充分发挥学生“自我教育、自我管理、自我服务”的作用，完善教学信息反馈调控体系，学院建立了学生教学信息员队伍，不断吸引学生参与教学质量监控的兴趣，逐步扩大其工作范围。

湖南高速铁路职业技术学院正以湖南省“一流学院、一流专业”建设为契机，全面提高人才培养质量、科学研究水平、社会服务能力和文化传承创新能力，制定和完善了各项教学管理规章制度，形成了一整套较为完备的、以提高教学质量、突出教学中心地位的规章制度和政策措施，学院先后颁行了《关于专业建设的管理办法》等落实和推进教学改革、加强教学管理、建设师资队伍通知等一系列规章制度，成立了院、系两级教学督导组，推行院、系两级领导听课制度，学生干部管理，以及辅导员跟课制度，每学期在全院举行学生评教、教师评学、教学质量大检查等活动，强化制度建设，保障教学中心地位。

第二节　现状研究

一、湖南省高等职业教育质量保障体系的主体

湖南省高等职业教育质量保障体系关系到创业型人才的培育，要积极借助高职院校人才培育工作状态数据管理系统，利用这一平台形成内外部

保证体系循环发展的模式，发挥高职院校的主体功能和政府的引导功能，结合市场需求为社会培养大量有用人才。

（一）政府推动、市场引导的外部质量保障体系

外部保障体系能够为湖南省高职教育质量的提升提供外部力量，该体系的主体包括湖南省人民政府、教育厅、财政厅、企业联合会、各级政府、职业教育学科研网及中华职业教育社等，只有政府组织和非政府组织齐心协力，形成外部保障体系，才能不断地提升湖南省高职教育质量。[2]

1. 政府部门

首先，有负责湖南省高等职业教育整体规划与统筹的部门——湖南省人民政府，其具体职责体现在负责总体管理办法与意见的制定，明确工作方向，并为高职教育的发展提供资金等方面的支持；其次，有负责湖南省38所高职院校的具体工作部门——湖南省教育厅，该部门的具体职责包括制定相关地方法规、完善教学设施、提升教师准入标准等。除此之外，当地还设置了职业教育和成人教育办公室，办公室的主要职责就是对职业院校的实施情况进行全面监督和评估，对其运作状况进行全面管理和指导。

2. 行业领域

为了推动高等职业教育活动的可持续进行，湖南省先后成立了多个社会群众组织，包括湖南省中华职业教育社、职业技术教育学会等。前者是由湖南教育界、经济界、科技界的知名人士共同组成的一个社会团体。湖南省中华职业教育社于2000年成立，成立之后一直致力于职业教育方面的工作。[3]湖南省职业技术教育学会于2014年7月成立，该学会是由湖南省职业技术教育学会、高职高专教育学会合并而成，是登记注册的法人社团，从性质上看属于学术性、非营利性的社会组织。该组织在业务方面接受湖南省教育厅的指导，在管理方面受湖南省教育厅和民政厅的监督，其工作的重点集中体现在高等职业教育、中等职业教育方面。该学会中高职院校、中职院校、企事业单位分别为38家、53家、29家，成员单位来自多个部门。

（二）多层次、多主体的内部质量保障体系

湖南省高职院校内部质量保障体系分为两个责任主体，第一责任主体——高职院校本身，第二责任主体——教学部门。两个责任主体在高校内部建立了完善的保障系统，包括督导、评价、保障、反馈和决策系统，具体如下。督导系统，该系统的主要功能是对各院系教学活动、规章制度的落实进行全面督导，其目的是提高院校的教学水平；反馈系统，主要是通过问卷调查、留言等方式，对高校的教师、学生和社会等进行调查，了解学校的运作状况、师资力量、基础设施情况等，反馈系统能够为决策主体提供大量的一手资料；监控系统，通过不定期抽查、随机听课及走访学生等方式，对学校教学活动进行全面监控，调动教学主体的积极性和主动性，教务处和教研处等是主要实施监控的部门；信息处理系统，借助现代高科技技术搜集相关资料，并借助技术分析，生成高质量的研究报告，决策机构可以借助报告结果做出正确的决策；决策系统，根据上述搜集的相关资料，由教学工作委员会结合学校具体情况制定一系列政策与标准，其目的就是提高学校的教育教学质量。[4]

高职院校内部质量保证体系运行的过程中，要不断地提升办学质量，为社会输送更多的优秀人才，才能增强高职教育的吸引力。具体可以做到以下几点。首先，实现专业和市场需求之间的有效对接；其次，实现教学过程和生产过程的有效对接，也就是说，教师传授的理论知识与实践经验，恰好是岗位所需；再次，实现教材辅助和信息化教学资源的有效对接；最后，实现师资力量的有效对接。

二、湖南省高等职业教育质量保障体系的运行过程

针对高等职业教育质量保障体系，湖南省正在全力打造“一平台，两系统，循环协作”体系，形成多方责任主体，全面推进职业教育向更深更广处发展。

（一）加强湖南省外部质量保障体系的建设，创造更多的条件，让湖

南高职院校有一个良好的外部发展环境，比如建立信息监控平台、加大师资力量投入、提升教育经费，等等。

1. 湖南省政府对评估整体框架进行设计，能够对 68 所高职院校的教育教学质量进行全面准确评估，结合教育部和湖南省教育厅此方面的文件和方案《高等职业院校内部质量保障体系诊断与改进指导方案（试行）》《湖南高等职业院校内部质量保障体系诊断与改进实施方案》，对湖南省高职院校的教育状况进行全面诊断，并做出人才培养具体方案，完善高职院校内部质量保障体系，形成具有特色、有质量的现代职业教育，服务于“一带一路”、社会经济建设，创造出更多的人才。具体见表 3–1。

表 3–1　高职院校内部质量保障体系自我诊断报告

诊断项目	诊断要素	自我诊断意见	改进措施	改进成效
1. 体系总体构架	1.1 质量保障理念			
	1.2 组织构架			
	1.3 制度构架			
	1.4 信息系统			
2. 专业质量保证	2.1 专业建设规划			
	2.2 专业诊改			
	2.3 课程质量保证			
3. 师资质量保证	3.1 师资队伍建设规划			
	3.2 师资建设诊改工作			
4. 学生全面发展保证	4.1 育人体系			
	4.2 成长环境			
5. 体系运行效果	5.1 外部环境改进			
	5.2 质量事故管控			
	5.3 质量保障效果			
	5.4 体系特色			

2. 建立信息监控平台，加强评价与反馈

只有在外部与内部质量保障等因素的共同作用下，才能形成高等职业教育质量保障体系，才能提高该体系的有效性。而形成该体系的前提条件则是建立完善的保障体系和信息监控平台系统，该系统内容涵盖多方面，包括人才培养目标、培养方案和计划、教学计划和过程及教学条件等。教育质量监控平台要想实现顺利运行，必须有完善的规章制度对其进行约束，保障平台能够规范化运行，并且任何操作都能够有迹可循。所以只有引进现代化的科学技术，才能构建现代化的信息监控平台。湖南省教育厅为了提高该平台的运行效率，要求各高等职业院校及时采集人才培养方面的相关数据，并按照平台的要求对其进行系统性管理，辖区内的68所高职院校每年都必须将采集的资料送报相关部门，由相关部门登记造册，输入平台系统。教育管理部门可以借助于平台系统对相关数据进行全面分析，了解高职教育运行状态，然后借助相关数据明确未来发展方向，实现资源合理配置，政府部门也可以依据相关数据进行顶层设计，保障高职院校能够沿着正确的方向顺利发展。[5]

3. 加大对职业教育的投资，从根本上保障教育质量

高职院校要想正常开展各项教育教学活动，必须拥有完善的基础设施，而基础设施是教育顺利进行的前提条件，这就要求各部门要加大对职业教育的资金投入，完善高职院校基础设施建设，为教育教学活动的开展创造更多条件。

十三五规划中明确指出，要不断提升教育现代化水平，走教育富民战略，不断提高教育教学质量。为了实现这一目标、巩固湖南省教育大省的地位、推进高等教育的可持续发展，湖南省要不断加大此方面的投入，共建一流大学、一流学科（见表3–2）。

表 3–2 湖南省 2015—2017 年教育支出占财政总支出的比重

年份	财政支出（亿元）	教育支出（亿元）	比重
2015	4 375.53	756.35	17.28%
2016	4 390.50	776.29	17.68%
2017	4 833.08	830.25	17.17%

数据来源：湖南省统计局官网

一所优秀的学校除了要拥有完善的硬件设施之外，还必须拥有质量和技术过硬的软件设备，包括良好的师资队伍、勤勉的学生及良好的校园文化等，高职院校的软件设施能够对教育教学质量产生直接影响。湖南省教育厅针对此提出了《高等职业教育创新发展行动计划（2015—2018年）》中明确指出，就有湖南省多个高职院校中开展了双师型项目申请活动。说明了党和政府非常重视高职院校师资力量的建设。

为了加强职业院校双师型教师队伍的建设，优化师资结构，湖南省教育厅出台了《教育部办公厅财政部办公厅关于做好职业院校教师素质提高计划2017年度项目组织实施工作的通知》（教育厅〔2017〕8号），通知中明确指出，将在全省开展高职院校教师培训项目，通过各类培训资源，让每一位高职教师都能够获得发展和成长的机会。

为了让高职院校能够获得更快的发展，省政府还通过各种方式帮助高职院校进行招生，让更多的适龄学生能够在高职院校中继续学习，获得知识和技能，同时还开通了单招渠道，具体见表3–3。

表3–3　湖南省高考分数录取线

年份	理科				文科			
	一本	二本	三本	专职	一本	二本	三本	专职
2005	567	518	418	300	550	500	420	300
2006	545	505	385	285	560	520	400	300
2007	527	490	370	290	567	530	430	320
2008	527	490	360	280	557	520	400	300
2009	537	495	430	300	540	485	440	310
2010	556	500	400	310	559	500	400	330
2011	540	488	368	—	543	495	395	—
2012	517	461	331	200	556	497	377	240
2013	485	435	330	150	540	486	386	200
2014	503	452	342	256	548	492	387	237
2015	480	440	350	200	510	467	382	220
2016	470	423	344	200	511	460	381	225
2017	449	397	301	150	509	457	334	150

数据来源：湖南教育厅

（二）湖南省68所高职院校在国家政策的引导下，在各部门的支持下，不断地强化内部教育质量保障体系的保障，迎来了前所未有的发展机遇。高职院校要抓住机遇、迎难而上，国家要不断地完善各项硬件设施，建立健全质量保障体系，为培养优质人才创造更多的条件。

1. 完善多层次、多角度参与的学院教育质量保障机制

提高高职院校教育质量关键在于建立完善的质量保障制度与细则，湖南省有78所高职院校，大部分院校在省教育厅的指导之下已经建立了完善的内部质量保障制度，并向省教育厅提交了内部质量保障体系诊断与改

进方案。方案的内容翔实，包括建设目标、体系构建、指导思想、工作安排及具体措施等。

永州职业技术学院在教育质量保障体系的诊断与改进方面已经走到了前列，是湖南省第1批参加全国高职院校内部质量保障体系诊断与改进的试点院校，也是省教育厅推荐的三所院校之一。在政策的引导和推动之下，该学院结合自身的具体特色构建了内部质量保障体系。该体系共分为三个层次，一是全体教师和学生，二是质控办，三是院长。从三个不同层次对教育教学质量进行全面的监控。其中最基本的单位就是质量监控办公室，该办公室由教学主管副院长主管，下设主任和科长各一名，另有督导两名至三名。其主要职责具体体现在以下4个方面。第一，质量监控。监控的主要方式包括定期与不定期抽查、随机走访学生、随机听课等，有利于充分调动教师和学生的积极性与主动性，实现本校教育教学质量的不断提升。第二，教学督导。督导的内容主要包括各院系教育政策是否得以贯彻、经费是否到位，本校的相关政策是否能够在各院系落实，各院系的教育教学工作的开展状况。第三，诊断改进。解读和落实国家的相关政策，对学院工作自查自纠，然后结合实际情况实施整改活动。诊断的主要对象包括学院的专业建设、课程和师资队伍建设、课外活动等。对教学和管理、人才培养等进行全面评估，包括年度教学评估、师生之间的相互评估等。第四，数据采集。借助学院先进的信息系统，及时地采集相关数据和信息，并对相关数据进行科学分析，做出人才培养报告，并把报告提交给上级部门，依据报告内容制定出严格的质量监控计划。[6]

2. 加强信息化建设，利用现代科学技术保障质量

随着信息技术的不断更新换代，各大高职院校纷纷引入了先进的信息技术，投资并建设了完善的信息系统，实现了校园一体化。完善的信息系统、信息平台能够从技术上为高职院校质量监控平台建设提供常态化和系统化服务，借助于平台优势能够更好地监控高职院校的教学活动，保证教育教学信息能够在不同个体之间有效流动，有利于教学质量的全面提升。在引入信息系统的过程中，很多高职院校加入了多种形式的评价体系，包括形

成性、诊断性和总结性评价，并不断拓宽评价渠道，师生之间、学生与学生之间、教师和教师之间，以及教师和领导之间都可以借助平台与渠道进行自评和互评。评估信息能够实现有效传递，整个校园形成了浓郁的自我反思、自我提升的氛围。教师可以根据其他渠道反馈来的信息调整当下的教学方法和内容，提高教育教学的针对性与有效性；学生根据反馈信息能够自我纠正和调整，实现自我进步，不断提升综合实力。

永州职业技术学院非常重视信息化建设，在智能校园第一期项目建设过程中就投入了 800 万专项资金，初步建立了智能校园框架，其中包含教学活动和后勤服务等信息数据共享、统一门户管理及统一身份认证等。智能校园项目建设有利于信息在各部门之间的有效流动，有利于教学、服务和人事工作等应用系统之间的相互协调。利用系统间的数据共享，能够为学生办理校园一卡通、图书借阅卡等。教育教学活动和校务管理活动实现了高度协调、共同发展，并得到了进一步优化。整个校园实现了数字化教学、科研、管理和学习，实现了教育教学质量的彻底转变，办学效率、办学质量迅速得到提升。

湖南财经工业职业技术学院在完成学院基础网络升级改造的同时，加大了学院基础网络环境建设，投资 830 多万元建立了完善的学校基础网络，基本上覆盖了学院的主要活动区域，包括教学和办公场所、学生公寓及室外主要活动区域等，完善的网络基础设施为该学院的教育教学、后勤服务及校园管理等创造了条件。除此之外，该学院进行了云计算服务平台建设，该项目共投资 250 余万元，引入了云计算技术。云计算技术在校园中的普遍应用，有利于实现学院资源的合理分配，同时能够简化学院的服务和管理，让信息技术融入教育教学中，迎合了新形势下信息化学习的需求，有利于学生学习能力的提升。

3. 合理利用政府资源，不断提升高职院校办学水平

首先，湖南省政府非常重视各高职院校的基础设施建设，不断为其出台政策，提供资金支持。各高职院校应该抓住机会，进一步完善校园基础设施建设。湖南高速铁路职业技术学院依据自身独特的地理位置，借助中

国铁路高速发展的机遇迅速扩大校区、完善各项基础设施。经过多年的努力，该学院当下的占地面积、在校学生已经分别达到 1 050 亩（1 亩≈ 666.67 m^2）、13 000 余人，建成了多个多媒体教室、实验实训基地、教学实训基地、图书馆等等。

其次，永州职业技术学院借助省政府的支持实现了快速发展，并推出了名师引领计划，引入了大批的优秀人才。2017 年，该学院新建了三个名师工作室，其中参加企业实践锻炼、到企业挂职锻炼、赴台湾交流访学、参加教师资格培训、参加在线学习的教师分别有 142 名、11 名、20 名、24 名、429 名，经过多种形式的培训和学习，师资队伍质量得到了大幅度提升。湖南环境生物职业技术学院为了促进教师综合素质的不断提升，使用了教师发展手册，手册中详细地记录了教师的个人成长轨迹，能够帮助教师实现个人成长、发展和提升。该学院建立了完善的激励和考核机制，将教师教育教学的效果、个人诊断和改进效果纳入考核机制中，并把考核结果与晋升、评优等联系起来，充分调动了教师工作和学习的自觉性与主动性。很多教师都能够自觉地进行自我诊断、自我激励和发展，能够主动学习和充电，提升自身的知识素养，从而保障教育教学质量的不断提升。高职院校为了提升教师队伍的综合素质，严把教师队伍入口关，在招聘教师过程中设置了严格的招聘程序和制度，并把师德、知识储备及人际交往能力等作为招聘教师的核心条件。

最后，高职院校生源主要来自高中毕业生，但近年来高职院校的分数一降再降，导致学生质量不断下滑，这一现状堪忧。比如 2017 年，永州职业技术学院共招生了 3 950 人，其中只有 2 013 人是通过高考渠道进入院校，剩余 1 900 多人均通过其他渠道进入，高考渠道进来的学生只有 55.15%，因此招生问题已经成为影响高职院校发展的关键问题。高职院校为了招到更多学生，也采取了一系列措施，比如完善基础设施建设、加大校企合作、提供更多的实习和就业机会、提升师资力量及创设特色专业，等等。湖南财经工业职业技术学院，从 2001 年开始，就针对市场需求陆续开设了比较热门的专业，设置了针对性比较强的课程，比如在多个专业中增加资产评估课程、房地产评估课程等。为了让学生更好地掌握专业知识，该院校根据资产评估等方面的具体内容编写了对应方面的教材，提高了学生学习的针对性和有效性，同时能够为社会培养更多的优秀人才。

各大高职院校为了扩大招生规模，通过多种方式进行招生宣传，比如主动给学生家长打电话，介绍学院的实际情况，让学生和家长了解学院，提高学生和家长选择学院的概率；设置家长体验日，免费接送家长到学校参观访问，让家长了解学校的办学理念、校园文化、培养目标和方式等，吸引更多学生前来学习。永州职业技术学院想方设法地为学生提供更多的课外交流活动，比如组织美国环球志愿者来学院进行英语听说教学，为学院师生提供免费的英语教学服务。来自美国的教师志愿者能够为学院带来很多新知识、新内容和新气象，让学生能够更好地了解美国的风土人情。这一项目吸引了很多学生的关注，不仅带来了生源，并且充分调动了学生学习的积极性和主动性，教学质量得到大幅度提升。

二、湖南省高等职业教育质量保障体系的运行效果

通过对永州职业技术学院、湖南财经工业职业技术学院、湖南环境生物职业技术学院和湖南高速铁路职业技术学院四所湖南省高职院校进行实地调研，发现为了提升高等职业教育质量，很多高职院校采取了多种措施，不断提高和改进自身的教育教学质量，完善教育质量保障体系。但是高职院校在完善教育质量保障体系的过程中仍然存在着很多问题，具体体现在以下几个方面。

（一）政府主导、行业指导、企业参与的机制尚未完全建立

为了提升高职院校教育质量，湖南省教育厅召开了相关工作会议、出台了一系列政策，各项政策的落实加大了高职教育的影响力。但是笔者对湖南省政府相关门户网站进行了调查，发现很多官网数据更新不及时、政策宣传力度不足、站内搜索关键词定位不准、政策法规宣传不到位、访问量一直上不去，等等。针对高等职业教育，笔者在湖南省教育厅的门户网

站上进行搜索，其内容集中体现在高等职业教育专业备案、分类考试、审批结果和年度报告等方面，很多政策法规仍然停留在国家层面，没有在具体的实践中得到落实，也没有在湖南地方法规中得以体现。省教育厅是国家教育政策上传下达的基本单位，当前国家教育政策落实状况，不利于湖南省高职教育质量保障体系的构建。

从 2015 年开始，湖南省民政厅社会组织管理局为了对各部门、各单位进行有效评估，积极地招募第三方评估机构。但是，该管理局至今没有招募到专业性比较强的第三方评估机构。湖南职业教育学会为了提升职业教育质量，推进高职院校诊断工作的顺利进行，专门成立了高职教学工作诊断与改进专题网，该网络设置了多个板块，包括通告、政策咨询、理论研究及工作动态等。在省政府的领导之下，湖南中华职业教育社正式成立，为该省职业教育增添了一抹亮丽光彩、注入了新活力。中华职业教育社的主要职能体现在明确现代职业教育的发展方向，在调研基础上集思广益、对该省职业教育进行整体规划；组织开展“黄炎培杯”大学生创新能力竞赛活动，鼓励更多的学生参与，为高职学院学生发展提供工作的机会；对全省职业教育状况进行全面调研，获得大量的一手数据，并形成可信度比较高的调研报告，为职业教育发展提供依据。中华职业教育社虽然不属于政府部门，但仍然处于政府部门的管辖范围。2013 年，湖南省机构编制委员会明确规定，中华职教社属于机关事业单位，其编制为 5 人，按照公务员管理方法对工作人员进行管理。虽然中华职业教育社在高职院校教学质量提升方面具有一定的作用，但是行业和企业的参与度不高，基本上属于高职院校内部聚会，社会力量参与不足，不利于其功能的充分发挥。

（二）学院与内涵、规范发展相适应的内部治理能力还有待提升

2016 年 5 月之后，湖南省的 68 所高职院校在省政府的领导之下开展了一系列的内部质量保障体系诊断与改进工作会议，各大高职院校分别结合自身的情况提出了诊改方案，方案中对自我发展状况进行了明确督查，特别是明确了工作中的优缺点，并对院校未来的发展进行了规划。在诊断

和改进过程中，各高职院校遵循实事求是的原则，围绕着一线教学需求开展多种形式的评估，自觉自主地进行诊断，了解自身的优势和不足，然后针对不足制定出有效的解决对策，促进高职院校教育质量的提升。

笔者对永州职业技术学院进行了实地调研，发现该学院虽然已经建立了三个层级的内部质量保障体系，并且有政府资金与政策的支持，但是学院工作仍未能获得学生和教师的全部认同，部分学生和教师认为，学院当前的工作仍然停留在表面，教学质量等问题并没有得到根本上的改善。笔者同该学院的工作人员、全部教师和学生进行了沟通交流，目的是更好地了解该学院内部质量保障体系的运行状况。

质量监控办公室的工作人员表示，2016 年 10 月，该学院为了落实教育厅提出的诊断和改进工作，举行了内部质量保障体系动员大会，全体师生参与了大会，在会议上响应非常积极。但部分教师对此并不看好，认为诊断和改进工作和以前的评估没什么区别，只不过是新一轮的评估，因此就按照传统的方法去应对学院检查，并没有从思想深处对此次工作进行充分认识，因此在工作过程中比较松懈。工作人员表示，自己的团队花了很多时间和精力做部分教师的思想工作，纠正他们思想上的错误认识。学院的教师表示，学院内部质量保障体系对提高教学质量具有明显的作用，但是该体系在落实的过程中存在着各种问题，管理水平有限，特别是召开研讨会议时缺乏明确的主题，导致内部质量保障体系的落实处于一种碎片化状态，缺少系统化的设计，影响了体系的实施效果。但总体上来说，学院内部质量保障体系的实施有利于人才质量、教育质量的提升，全体教师会积极达到内部质量保障体系的要求。学生作为教学活动的主体、直接参与者，在高职院校内部质量保障体系落实过程中起着重要的作用。但是在调研过程中发现，学生的参与度非常低，具体体现在对教师教学活动评价方面，即便是评价，辅导员还会在评价之前暗示学生要给予正向评价，尽可能地减少负面评价，甚至暗示学生如果进行负面评价会影响到学生的奖学金或者影响到学生未来毕业。在此种状况下，很多学生对教师的负面现象听之任之、置之不理，不顾实际情况对教师进行正面评价，此种状况会直接影响到内部质量保障体系的实施效果。不过很多学生表示，如果内部质量保障体系能够有效运作，会实事求是地反映问题。

（三）高职院校基础设施建设不断完善，但质量还有待加强

在调查过程中，虽然湖南省每年都在增加教育方面的投资，但是在总支出中，教育支出所占比重并不高，特别是对高职教育的财政投入力度仍然偏低，2012—2015 年，政府部门对高职院校投资生均经费从 9 000 元上升到 11 706 元，但和全国平均水平 12 751 元相比，仍然偏低。笔者对样本学校师资情况进行了深入调查，具体见表 3–4。根据该表可以看出，湖南高职院校师资队伍建设力量不足，质量参差不齐，其中，双师比例达到 80% 的是永州职业技术学院，双师比例只有 51.45% 的是湖南财经工业职业技术学院，两个学院的这一指标差异悬殊。虽然湖南省高职院校想方设法地引入新力量、提升师资队伍实力，但和全国平均水平相比，师资队伍建设的未来发展之路依然漫长，需要政府部门和社会各界的共同努力。

表 3–4　湖南部分高职院校双师型教师统计表

学校	专任教师	双师型	双师比例
永州职业技术学院	492	394	80%
湖南环境生物职业技术学院	349	328	60.55%
湖南财经工业职业技术学院	379	195	51.45%
湖南高速铁路职业技术学院	449	213	69.32%

数据来源：湖南省教育厅

为了提高高职教育的入学率，湖南省政府、高职院校在招生方面做了很大努力，但是招生工作进行得并不顺利。深受“学而优则仕”的传统文化思想的影响，很多高职院校重视知识而轻视技能，认为高学历就是高能力的代名词，甚至鄙视职业教育，特别是在高考之后，很多高中毕业生不愿意报考职业学校，职业学校只能不断地降低分数。社会各界对于职业教育存在着偏见，认为职业教育是没出息、没未来的教育，是低层次的教育。在此种思想的影响下，湖南省出现了 21 所民办本科院校，虽然这些院校学费比较高，但是属于本科院校，仍然吸引了很多家长和学生的关注，而

公办职业院校却无人问津。

第三节 湖南省高等职业教育质量保障体系存在的问题及原因

随着我国经济的快速发展，人口红利逐渐消失，社会对人才质量的要求越来越高，而高职教育则是针对市场、培养专门人才的院校，高校应该抓住市场发展的机遇，不断地提高教育教学质量，为社会输送更多人才。根据湖南省高职院校年度质量报告，结合笔者的实地调研结果，湖南省高职教育质量保障体系建设过程中仍然存在着以下几点不足。

一、职业教育法律体系不完善，第三方保障机构缺失

针对高等职业教育质量保障体系建设，国家出台了一系列的政策和制度，湖南省也结合当地的具体情况颁布了地方性政策，但是国家政策和地方性政策在衔接方面还存在着不足，无法对高职院校实施政策上的引领和统筹，高职院校也因此无法形成系统的人才培养理念和质量保障体系。职业教育体系不完善，影响了其教学质量的提升。首先，在办学方面，当前的办学主导力量仍然是政府部门，政府部门和行业需求之间存在一定的隔阂，政府部门无法根据行业需求对职业教育提出针对性要求；其次，在职业院校的教育教学活动中，尚未建立起完善的参与机制，企业和社会各界参与力度有限，校企合作力度不足，并且缺乏法律法规方面的支持，影响了企业参与校企合作的热情；最后，职业教育人才培养的针对性和有效性不足，因为企业和行业参与力度不足，高职院校无法根据企业和行业的要求培养针对性人才，通常是根据国家或地方政府出台的相关政策对人才进行培养，使培养的人才和市场脱节。

随着社会各界的共同努力，高职院校教育质量保障体系逐渐发展和完善，并逐渐走向了规范化和制度化的道路。湖南省为了提高高职院校教育

质量，先后成立了多个社会组织，比如中华职业教育社、职业技术教育学会等，在社会组织的推动之下，高职院校教育质量保障体系得到了进一步发展，为湖南省职业教育的发展做出了贡献，使更多的社会力量参与到高等职业教育活动中，为高等职业教育注入了活力，推动了高等职业教育质量保障体系进一步完善。上述两个机构对湖南省高等职业教育现状积极地进行调查，为政府部门提供更多的有用信息，政府部门可以根据相关信息做出正确的决策。

二、内部质量保障体系不健全，质量文化尚未完全形成

湖南省各大高职院校经过多年的建设，已经初步形成了内部质量保障体系，并不断探寻该体系发展和完善的路径。虽然湖南省高职院校已经初步建立了内部质量保障体系，但该体系尚处于完善之中，很多方面仍存在着不足之处，比如质量保障工作基本标准、建设和考核标准等。很多高校当前的质量保障工作集中体现在教学领域，忽略了其他领域相关因素对教学质量的影响，比如学生教育、行政管理和后勤服务等，这些领域管理比较薄弱，尚未形成内部质量保障体系，但这些领域的相关因素同样会影响到教育教学工作质量。教学过程深受多种因素影响，只有全面监控、统筹管理，才能全面提升教育教学质量。

在调查过程中，湖南省很多高职院校的质量保障体系存在着漏洞，理解存在着盲区，甚至掺杂了许多人为影响成分，比如，师生对教学质量理解存在着偏差，认为学生毕业之后能够顺利就业，就已经达到了教育教学目标。在教育评价方面，理念落后，缺少以学生为本的评价思路，评价的重点集中在教学检查和领导检查方面，并没有对教育教学质量进行真实评价，导致评价过程流于形式。高等职业教育教学质量评估的目的就是判断教育教学质量的高低，从而判断教学目标能否得以顺利实现，但是很多高职院校的评估没有对师生内在激励动机进行有效评估，不利于师生自我价值的实现。针对教师的评估结果和教师的薪酬与晋升相挂钩，因此评估集中在形式方面，忽略了人才培养质量提升方面的要求；针对学生的评估，

评估的重点在学生的成就和技能方面，而学生的身心发展、整体素质则被忽略，这种评估方式不利于学生综合能力的提升。评估标准不统一、方法老旧，影响了高等院校评估质量的提升。

三、数据平台建设相对滞后，信息反馈不到位

湖南省各大高职院校已经开始了网络系统建设，其中网络信息化硬件建设基本完成，但信息化应用水平不高，技术支撑力度不足，信息管理能力差，无法满足当下现代职业教育的需求。高职院校质量保障体系建设离不开信息技术的支持，但当下高职院校的信息管理系统、业务系统均不完善，数据之间缺乏有效融合，甚至无法在各部门之间实现有效的沟通，影响了质量保障体系的发展和完善。再加上数据采集、监控和分析等呈现出不足，影响了高职院校网络系统的有效运行。

在调查过程中，湖南省高职院校虽然已经建立了信息化平台，可以借助于信息化平台对教育教学质量进行评价，但是该平台的程序复杂、操作烦琐，很多教师不能熟练地掌握操作技能，因此很多工作仍然采取人工统计方法，此种方法会影响到数据的有效性，不利于对教育教学质量进行有效评估。学院质量监督部门是进行教育教学质量评估的主要部门，该部门主要采取行政手段对教学质量进行评估，因此评估结果具有一定的权威性。如果该部门能够借助于信息系统则能够更好地进行评估，保障评估结果的真实性和有效性。高职院校不仅是教学质量的第一责任主体，同时也是质量标准的制定者和执行者，这种身份的存在会影响到质量保障体系的有效实施，因为管理者会受到个人情感因素、个人因素等因素的困扰，无法对教育教学过程进行正确评价，得出的评价结果难免存在着偏颇，通常是正面评价多、负面评价少。在教学质量监控和评估环节，很多高职院校尚未建立起快速反应机制，甚至会找借口，刻意隐瞒教育教学过程中的不足，发现问题后不是寻求解决渠道，而是试图掩饰事实、掩盖真相。

四、评估结果利用不到位，缺乏对评估本身的问责与改进

在教育质量保障的过程中，评估是一种行之有效的方法，是教育质量保障的关键环节。为了提升高职教育质量，湖南省开展了一系列的内部质量保障体系的诊断与改进工作，很多高职院校能够从中明确自身的优点和不足，然后制定出切实可行的解决策略与路径，弥补自身的不足，不断地提高教育教学质量，培养更多高素质高技能人才，为湖南省的经济发展提供人才方面的支撑。笔者实地调研了湖南省4所高职院校，调研的结果表明，这些院校并没有充分利用评估结果。湖南省教育厅虽然颁布了诊断与改进工作的具体内容，但是高职院校在执行过程中缺乏内在动力和归属感，选取的评估指标缺乏代表性、评估过程流于形式。PDCA 模式是当下国际知名的评估模式，该模式认为，要想更好地完成评估目标，必须充分发挥评估作用，特别是问责和改进环节，而这个环节在实际操作过程中最容易被忽略，湖南省高职院校在诊断和改进活动的过程中就明显忽略了问责和改进环节。

评估标准设计是评估过程的另一个重要环节，该环节直接影响到诊断和改进活动的质量与效率。湖南省教育厅针对此颁发了一系列文件，包括《教育部办公厅关于建立职业院校教学工作诊断与改进制度的通知》（教职成厅〔2015〕2 号）、《关于印发高等职业院校内部质量保证体系诊断与改进指导方案（试行）启动相关工作的通知》（教职成司函〔2015〕168 号）和《湖南高等职业院校内部质量保证体系诊断与改进实施方案》，很多高职院校根据上述文件和方案对教学质量进行评估，方案的制定来自省教育厅，学生、教师、家长和其他行业的利益相关者参与度不高，因此影响了方案的有效落实，方案执行过程中很难调动相关人员的积极性和主动性。在调查过程中，发现整个教学质量保障体系的诊断和改进活动缺乏完善的评估体系，比如没有对评估目标、评估设计和评估实施等环节的有效性进行检验，缺乏评估标准反思和改进环节等。湖南省 38 所高校根据颁布的方案和文件开展了一系列的内部质量保障体

系诊断和改进活动，并取得了显著成效。但是各大高职院校并没有对诊改方案进行全面评估，方案在实施的过程中没有及时得到调整，不利于整改效果的提升。

本章为实证研究章节，具体通过三个方面进行分析。第一，对湖南省人民政府、统计局、教育厅等相关官网数据进行全面梳理和分析，深入到 4 所高等职业院校进行实地调研，包括湖南环境生物职业技术学院、永州职业技术学院等，分析和调研的结果表明，湖南省高职教育保障质量体系已经初步形成，近年来呈现出不断发展和完善的状态，但其运行过程中仍然存在着各种问题。第二，从三个方面详细地阐述了高职教育质量保障体系建设和运行的相关问题，包括保障主体、运行过程和运行效果。通过对相关问题客观公正的分析、详细的描述，找到了制约该体系有效运行的影响因素，具体包括四点。一是有关职业教育的法律法规不完善，法律依据不清楚，影响了校企合作、校园建设；二是缺乏专业的第三方评估机构，无法对高职院校办学质量进行公平公正的评价；三是尚未构建完善的信息平台，信息系统数据共享功能不足，信息技术水平落后；四是评估结果得不到有效利用，缺少问责和改进机制，影响了评估质量的提升。本章对湖南省高职教育质量保障体系建设中存在的问题进行了总结，为下一步的研究提供依据。

注释

[1] 毛尚华 . 湖南高等职业教育质量监控与保障现状及对策研究 [J]. 职业与教育管理，2015（22）：37–40.

[2] 左清 . 高等教育教学质量省级监控研究 [M]. 北京：教育科学出版社，2007.

[3] 湖南大学教育科学研究院 . 高等教育质量省级监控体系研究 [M]. 长沙：湖南大学出版社，2012.

[4] 郑永，陈艳 . 基于 BP 神经网络的高校教师教学质量评价模型 [J]. 重庆理工大学学报（自然科学版），2015（1）：85–90.

[5] 常瑜，史淑雅 . 基于 AHP-FCE 模型的设计学类专业创新创业教育评价研究［J］. 创新与创业教育，2017，8（6）：23-29.
[6] 谭晋钰 . 高校创新创业教育质量评价体系构建研究［J］. 创新与创业教育，2017（5）：20-23.

第四章　湖南省优化创业环境的问题及其优化线路图

在创业过程中面临的各种外部条件被称为创业活动环境，创业活动环境是由多种因素共同构成的，包括时代、人际、地域和物质环境等，任何一种因素均会影响到创业活动的顺利进行。湖南省已经初步建立起了良好的创业环境，但还存在着各种影响因素，需要从战略的视角对其进行优化，完善创业环境，形成良好的市场秩序，为大学生创业创造更多的条件。

第一节　湖南省创业环境取得的发展

从目前看，湖南创业环境取得的成就主要体现在以下几个方面。

一、全面推进了精简行政审批的改革

新中国成立以来，我国政府管理经济和社会的重要方式之一就是行政审批，随着改革开放的不断深入，行政审批制度逐渐被社会所淘汰。从2001年开始，国务院就开始了此方面的改革和完善，湖南省积极响应国务院的政策，共取消和调整了951项行政审批项目，此方面的工作主要体现在三个方面，一是清理审批事项、简化办事流程，二是实现行政审批机制

创新，三是建立完善的配套制度。以衡阳市为例，截至2018年底，衡阳市行政审批服务大厅共办理各类审批项目36 211件，按时办结率为100%，为创业提供了便利。

二、基本建立起统一开放、竞争有序的市场秩序

只有实现市场的规范运行，才能让经济保持良性发展状态，这是市场经济发展的一般规律，创业投资机构在发展过程中同样遵循上述规律。因此我们需要对创业投资市场的秩序进行规范，制定完善的规章制度，保证创业投资市场能够顺利运行，创业投资经济能够健康发展。湖南省为此出台了一系列的政策，下大功夫进行创业投资市场整顿和规范，为民营经济的发展创造更多的条件。当下，政府正在向市场监管方向转变，其职能主要体现为为市场主体提供全方位服务，创设良好的发展环境，同时不断提高监管力度，建立完善的市场管理制度，推动市场环境的进一步优化。只有在公平公正的创业投资市场秩序之下，创业者才能够凭借自身的能力和实力获得成功。

三、初步实现了从行政管制向公共服务的转变

当前我国正在轰轰烈烈地开展全面建设小康社会的战略，政府部门只有不断地完善基础设施建设，为社会公众提供更多的公共产品，才能保证小康社会的全面建成，比如完善的城市公共交通、水利设施等。湖南省积极响应国家方针政策，在基础设施和公共产品建设方面加大了投入力度，实现了由管制思维向服务思维的转变，从社会的控制者转变成社会服务的提供者。

四、企业孵化器开始向纵深扩展

企业孵化器是指一个集中的空间，能够在企业创办初期举步维艰时，提供资金、管理等多种便利，使企业“做大”“做强”，是网络时代下形成的一种新型创业经济组织。企业孵化器能够帮助企业低成本、低风险实

现创业成功，功能主要集中体现在为企业提供政策咨询、培训、融资和法律方面的支持。湖南省当前有多个企业孵化器，它们已成为社会经济增长的主要推动力。在衡阳地区，如衡阳市现有的松木工业园、白沙洲工业园、华新高新技术开发区、衡阳镭目等高科技企业科技园及白沙洲物流园等，同时，还有以 1 家国家级企业技术中心、15 家省级企业技术中心、5 家市级企业技术中心等为主体的企业技术创新平台和载体。这些都是对衡阳市今后五年乃至长期发展具有全面影响的项目，它们的建设有着重要的战略意义。

五、创业教育在全省遍地开花

湖南省积极响应国家的大学生创业政策，开办了多个园区办企业、大学生创业办企业等活动，充分调动了全社会创业的热情，不断提升创业者的创业能力。开展多种形式的创业培训，增强地区创业能力；加大对创业企业的扶持力度，提升创业企业成功率。为了鼓励创业，湖南省出台了一系列优惠政策，比如为创业者提供小额贷款、无息贷款等。

第二节　湖南省创业环境存在的主要问题

判断创业环境是否优化的标准主要有五个。一是市场竞争秩序是否良好；二是融资体系是否健全；三是行政审批是否简明、快捷、合理；四是各级管理部门的管理水平和服务意识是否先进；五是创业人才培养生态是否良好。按照这些标准，对湖南在市场机会、文化和社会规范、政府税收优惠，以及有形基础设施建设等方面进行全面分析，可以看出湖南在金融支持、研究与开发转移、商业和专业基础设施，以及教育和培训等方面还存在较大差距。

一、创业壁垒高，投资融资体系不完善

目前，湖南省创业投资没有很好地发展起来，使得注册资金形成了一

个创业壁垒。吸收社会闲散资金，为创业企业提供资金方面的支持，是发展创业投资的关键。当前大量的资金沉淀在银行等金融机构手中，这些资金没有得到充分利用。此外，创业者对资金需求非常旺盛，但创业初期风险高面临融资难困境，因而形成了创业的高壁垒。在调查过程中，湖南省投资融资功能比较薄弱，和全国先进地区相比，湖南省政府的融资能力差、融资渠道狭窄。另外，湖南省当前没有建立起完善的风险投资机制，风险投资市场运行并不顺畅，缺乏社会力量参与。

二、政府部门收费多，审批难

笔者对湖南省个体工商户和中小企业进行调查，调查的结果表明，个体工商户和中小企业上缴的费用中有 33% 流入政府财政，有 67% 成为工商和市场管理费、年审费和质量检验费等，个体工商户和中小企业每年承担着巨大税负，甚至不堪重负。针对一家公司从注册到开业所经历审批签署的调查，在加拿大，一家企业只需要两天就能审批通过、注册成功，而在湖南省内则要历时 115 天，需要获得 7 个部门的审批认可。加拿大、英国及美国等发达国家的注册审批费用不到人均年薪的 1%，而湖南省的这一指标则达到 15% 以上。造成创业审批时间长的一个关键因素就在于行政审批。

三、人力资源总量不足，存在结构性矛盾

据统计数据显示，湖南省现在的人才总量只占人口总量的 10.8%，低于发达城市的平均水平；人才结构也不够合理，高层次人才、复合型人才、高技能人才短缺；高新技术开发、经营管理、资本运营、城市管理和文学艺术等方面的人才不足；技能人才中高级技工所占比重低，缺乏有丰富经验的技师和高级技师。

四、观念认识不足，缺乏敢于创业的精神

很多企业即便有了足够好的外在硬件设施，但缺乏内在文化，思想也跟不上，同样不利于创业企业的发展。对个人创业者来讲，政府虽然出

台了一些非常优惠的创业政策，但是许多人还是没有那么积极地创业。来自有关部门的消息显示，下岗失业人员中，60% 的人去开摩托车，20% ~ 30% 的人从事修理电视、五金装配等工作，或者帮人看铺，特别是那些年龄偏大的人，更是极不情愿去贷款创业。

五、行政管理观念转变不到位，服务环境不理想

新中国成立以来，我国一直实施行政审批的方式来管理社会经济和事务，各部门、各单位一直以来受行政审批思维方式的影响，即便是取消了行政审批，很多行政单位仍然无法适应当前市场的管理方法，把把关的重点放到了市场准入方面，对市场主体的准入资格限制比较严重。湖南的创业者要经过重重阻力才能够获得准入资格，从而影响了湖南创业环境的优化，特别是现代服务业的发展，深受市场环境的影响，现代服务业难以得到快速发展。

第三节　优化湖南省创业环境的路线图

一、认清现状，加强统筹规划力度，完善政策支撑体系

可以在湖南省政府的相关部门的牵头之下，由多个部门共同组成专题调查组，然后由专题调查组深入市场进行调研，了解创业者当前所面临的问题，掌握一手资料，制定出切实可行的应对策略，能够对企业创业者进行全程激励。除此之外，应完善此方面的法律法规，让企业创业者能够依法进行创业。影响中小企业发展的关键在于融资，制约创业成功的关键也在于融资，只有打破中小企业融资瓶颈，才能让创业者轻装前行。对于政府来说，培养良好的创业投资市场环境，建立完善的制度，对于创业过程进行有效引导和规范，才能帮助创业者取得成功。湖南省应该结合创业企业的发展状况，制定出持续稳定的引资政策，及时淘汰不合时宜的创业投

资政策，并在原优惠政策的基础之上，进一步优化和完善激励政策，激活各要素，鼓励社会各界共同参与，创造良好的创业环境，实现科技成果的有效转化。

二、整合创业服务资源，建立完善的创业基地和服务平台

第一，营造一流的政策环境。比如引进民间投资、降低准入门槛，为创业企业提供更多的条件等。第二，引导一流的服务环境。全心全意对创业企业提供优质的行政服务，实现政府的职能转换，让政府成为真正的服务型政府、依法行政政府。第三，引导一流的载体环境。创建企业孵化器，建设特色工业园区，集中民营经济力量，实现民营经济的快速发展。湖南省建立了创业孵化器股份有限公司、创业大厦，能够为创业企业提供全方位、全过程的孵化服务，引领创业企业沿着正确的方向发展，使之符合国际惯例，真正实现和国际接轨。

三、大力发展创业投资

第一，结合湖南创业投资发展，完善相关的法律法规。只有在完善的法律法规框架之下开展创业投资，才能够降低投资风险，提升投资成功率。可以由湖南省人民政府借鉴其他省市的经验，制定相关的地方法规，用法规来保障创业投资公司、创业投资基金等顺利进行。第二，建立和完善创业投资公司市场准入制度。第三，完善中介服务体系，发挥中介的咨询、监督和评估功能，推动创业企业的有序发展。第四，建立完善的信息网络系统。信息网络能够增加各投资者之间的信息交流，有利于实现资源的最优配置，创业企业可以借助网络获得来自四面八方的支持，同时能够针对市场需求进行针对性的生产，提高创业企业运作的有效性。政府部门应该加大此方面的信息化建设，为创业投资公司和创业企业建立信息沟通渠道。

四、完善人才引入、留住和培养机制

实行人才政策改革，改进人才流动机制，引进和培养并重，加强与地方高校，特别是著名地方高校的整合，提升城市对创业人才的吸引力和培育能力。可从以下三方面着手。一是吸引留学生来创业。以智力推动高新技术产业的发展，缩小和世界先进水平之间的距离；二是加强校企合作。高校可以借助企业经济的优势，保证科研成果的及时转化，企业可以通过两者之间的合作交流，引入优秀人才，提高自身人才团队的实力；三是建立完善的留人机制，对于湖南省的技术人员，要充分挖掘他们的潜力，发挥人才的作用，为湖南省的经济发展创造出更多贡献，另外在提拔任用、福利待遇等方面，为人才提供更多的机会，从而留住人才。

五、强化创业教育培训，提高创业技巧，授“鱼”更要授“渔”

第一，对当前地方高校创业教育进行规范，实现创业课程和创业活动并重，改变当下形势单一、层次低下的教育方式，走多元化创业教育之路，不断提升学生的创业能力。另外，要加大对于地方高校创业教育方面的投入，政府部门应该筛选出一些具有投资价值的创业教育试点基地，试点成功之后再在全省范围内推广，可以从财政与政策等方面给予扶持。第二，进行专门的创业培训，针对创业人员开展多种形式的创业培训，让创业者能够掌握基本的创业知识和技能，帮助创业者实现创业成功。创业者只有获得成功，才能带动其他创业者共同奋斗，政府和高校要对创业者进行扶持与激励，鼓励他们大胆创业，以创业带动就业，实现经济倍增效应。当前我国已经有多个省份在创业与就业方面取得了显著成效，比如吉林省为了实现创业促就业目标，开展了多种形式的创业培训、创业项目推荐、孵化基地及培养小老板等措施；云南省对首次创业的大学生给予多方面的扶持，鼓励大学生省内自主创业；江苏省无锡市为创业者搭建信息交流合作平台，让创业者能够在平台上获得信息和资源，并为创业者提供结对帮扶、创业指导和培训等方面的服务。在扶持企业方面，湖南省政府对于创业企业来说，不仅要授之以“鱼”，还要授之以“渔”，前者虽然立竿见影、见效快，但缺乏可持续性，创业者更希望能够获得后者，从而实现可持续发展。目前大学生“做蛋糕”最紧缺的一是资金，二是经验。比如，刘明、刘洋兄弟俩大学一毕业，利用农村的资源优势，在老家开展菌菇科学种植，一年四季都能够获得收入，但是2015年初的几场大雪，压坏了菌菇种植的塑料大棚，不仅没有挣到钱，反而欠了一大堆账。2016年两人又投资7万元盖了一所立体大棚，又花了几万元购入了相关设备，取得了创业成功。在调查过程中，很多回乡创业的大学生虽然不缺技术和市场，但是严重缺乏资金扶持，融资渠道受阻，影响了创业梦想的实现。很多回乡创业的大学生希望能够获得国家的低息贷款，解决自身创业初期资金难的问题。陈国明自云南农业大学毕业之后，就和同学一起开始了自主创业，他明确表示，创业过程中最大的困难就是缺资金、缺经验，课堂学习、听讲座获得的经验在实践面前微乎其微，根本无法解决实际问题。

注释

[1] 温素威，朱磊，刘文波，等.官媒指基层百姓吃药还是吃饭成两难吁减负增收[N].人民日报，2011(2)：06.

[2] 龙叶，袁俊.试论我国大学生自主创业的信息环境[J].图书馆工作与研究，2007(3)：94–96.

[3] 谭文莉，陈云龙，杨龙斌.湖南创业环境发展特征、存在问题与对策研究[J].消费导刊，2009(13)：11–32.

第五章 工商管理专业学生创业教育现状调查及创业教育模式探索

随着高等教育规模的不断扩大，高等教育进入了大众化阶段，受教育者的数量不仅持续增长，质量也发生了巨大变化。传统的教学理念一直是精英教育，当下教育的目的已经转变成培养应用型人才。因此各大高校要根据市场发展的需求适应新形势，制定出切实可行的人才培养模式，为社会输送大量综合性、应用型人才。

在现代科学技术中，使用比较普遍的一个术语就是“模式”，这一概念在社会学研究领域中也经常使用，被理解成自然或社会现象的理论图示、解释框架。创业教育模式事实上就是创业思想指导下形成的创业教育活动程序和方法，创业教育模式主要有以下三种。

第一，以课堂教育为主的专业化教育模式。此种模式比较传统，其特征为教学内容高度系统化和专业化。该模式依托于课程设置，通常在独立机构内部开展创业教育，比如在商学院或者管理学院开设创业教育课程，该课程的目的就是为了培养创业人才。此种创业教育模式首先要设置独立的机构，由该机构全面负责创业教育的整个过程，包括学生招收、经费筹措、师傅培训、日常管理和课程设置等。此种模式能够充分发挥创业教育的功能，同时有利于促进创业教育理论的进一步深化，有利于创业学科建设。该模式的不足在于需要雄厚的创业教育理论根基才能实施专业化的创业教育模式。

该模式从整体上看属于精英式教育模式，美国和英国等发达国家的大学就采用了此种模式。

第二，地方高校、企业和社会相结合的合作教育模式。地方高校、企业和社会共同参与到创业教育过程中，相互合作和支持，实现创业教育的快速发展。此种模式的典型特征就是把创业作为一种实践活动，在实践中培养学生的创业能力，实践是该模式的核心，而理论学习则居于次要位置。此种模式实施的前提条件就是创业教育体系和社会各部门之间必须有广泛的联系，创业教育充分利用各种社会资源、社会力量，大学生创业者借助于此种模式很容易实现创业成功。欧美等发达资本主义国家主要采用此种合作教育模式。

第三，地方高校、企业和政府相结合的合作模式。和第二种合作模式相比，此种模式的显著特征就是在创业教育活动中有政府部门参与，政府部门会在创业教育过程中给予资金和政策方面的支持，然后利用学校和企业的力量，实现创业教育的成功。我国的创业教育就属于这种模式。

2002 年，我国设置了创业教育试点院校，包括清华大学、复旦大学等 9 所院校。随着试点工程的不断推进，这些院校探索出了多种创业教育模式，具体包括以下几种。一是强调开设专业课程的创业教育。此种模式最显著的特征就是创业教育有效地融入素质教育之中。对于高校来说，专业学科教学、课外实践分别为第一课堂、第二课堂，在第一课堂中调整教学方案，融入创业教学内容，开设创业教育系列课程；在第二课堂中，鼓励学生积极参与各种实践活动，并把创业教育、创业实践纳入创新人才培养的体系中，成为学生毕业必修内容。通过第一、第二课堂的教学改革，充分调动学生学习该课程的积极性与主动性，形成一个有机系统，在专业课程的作用下，开展多种形式的创业教育讲座、竞赛和实践。二是强调创业实践活动。在创业现实环境中开展创业教育，以创业知识和技能的提高作为创业教育的重点，此种模式的特点就是在创业园中对大学生进行创业教育，让大学生能够切身体会到商业化的运作过程，同时大学生能够获得创业园的资金、政策和咨询等方面的服务。三是综合式创业教育模式。此种模式的显著特征就是在专业知识的传授过程中，注重学生基本创新素质的培养，借助于各种各样的社会活动、竞赛活动，开展多种形式的创业教育，让学生具备一定的创业意识和创业能力。

第一节　调查情况和研究方法

笔者对湖南财经工业职业技术学院工商管理专业学生的创业教育现状进行了调查研究分析，其目的就是深入了解大学生创业过程中的相关问题。2016 年 10 月，进行了第一个阶段的调研，该次调研采取的是问卷调查法，设计了创业教育情况问卷，并选取了湖南财经工业职业技术学院大一到大三的学生作为调查对象，这些学生共来自 5 个管理类专业，包括物流管理、酒店管理、电子商务、工商管理和财务管理，调查对象具有一定的代表性。该次问卷调查共发放、回收和有效问卷分别为 240 份、215 份和 213 份，其中有效问卷率达到 89%。该次调查问卷详见附录 2，共由 21 个问题构成，其中单项选择题、不定向选择题和开放题分别为 14 个、6 个和 1 个，问卷的内容包括创业教育的多个方面，比如大学生对创业教育的认识和了解程度、创业意识和动机、心理成熟度，以及需求和支持等。通过问卷调查，能够初步了解高职院校创业教育当前的开展现状。

2017 年 12 月到 2018 年 2 月，进行了第二阶段的调查研究，该次调查研究采用了访谈调查的方法，访谈的对象是湖南财经工业职业技术学院工商管理专业教师、教学管理人员和正在创业的学生。访谈的重点集中在三个方面。一是大学生创业意识的培养，二是创业教育当前的现状及存在的问题，三是专业教育和创业教育相结合的优势。该次访谈调查获得了被调查对象的鼎力支持，收集到了很多有价值的资料，包括创业相关的竞赛、创业俱乐部及创业竞赛等，为本书的研究提供了大量实证材料。

第二节　调查问卷结果及分析

一、调查问卷的结果

问卷内容包括了对创业教育的理解（1、2、3题），对大学生创业的态度（4题），对创业活动的理解和需求（5、6、7、8、12、13题），学生对自我的认知及湖南财经工业职业技术学院创业教育课程开设情况（9、10、11、14、15、16题），湖南财经工业职业技术学院工商管理专业创业环境及工商管理专业大学生对学校、社会创业教育的期望（17、18、19、20题），如表6–1所示。

表6–1　调查结果

问题	选项	选择人数	占百分比
1. 对创新创业教育的了解	很了解	17	7.98%
	不了解	101	47.42%
	不了解	95	44.60%
2. 开展创新创业教育的主要目的	为未来开办企业做准备	86	40.38%
	开发新的项目	76	35.68%
	加强素质教育	51	23.94%
3. 高校大学生实施创新创业教育的必要性	非常必要	40	18.78%
	有必要	113	53.05%
	无所谓	44	20.66%
	根本没必要	16	7.50%
4. 对大学生创业的看法	反对，大字生应以学习为主	21	9.86%
	认同，应该是一个不错的选择	110	51.64%
	支持，是实现自我价值的一个途径	58	27.23%
	参与，准备创业	24	11.27%
5. 是否正在创业或曾经有创业经历	是	50	23.47%
	否	163	76.53%
6. 选择创业领域	与自身专业相结合的领域	52	24.41%
	自己感兴趣的领域	123	57.75%
	启动资金少、容易开业且风险相对较低的行业	38	17.84%
7. 创业要求大学生具备哪些素质（可多选）	创业意识、创新意识、竞争意识、管理意识	189	88.73%
	冒险精神、敬业精神、合作精神	148	69.48%
	自制能力、应变能力	41	19.25%
	综合素质	127	59.62%

续表

问题	选项	选择人数	占百分比
8. 对国家出台的扶持大学生自主创业的相关政策、法规的了解情况	经常关注，很清楚	37	17.37%
	偶尔关注，比较清楚	102	47.89%
	不太愿意主动去了解，知道一点	62	29.11%
	一点也不知道	12	5.63%
9. 在大学哪一年级开设创新创业教育类课程	大一	33	15.49%
	大一	95	44.60%
	大二	74	34.74%
	大三	11	5.16%
10. 在公共选修课中是否选修过创新创业教育相关的课程	有	24	11.27%
	没有	166	77.93%
	不知道	23	10.80%
11. 是否接受过就业指导或生涯规划教育	有	139	65.26%
	没有	70	32.86%
	不知道	4	1.88%
12. 对大学生创业计划了解的程度	了解	19	8.92%
	略知一些	179	84.04%
	不了解	15	7.04%
13. 大学生在创业过程中可能会遇到的障碍（可多选）	资金不足，没有好的创业方向	210	98.59%
	经验不够，缺乏好的社会关系	192	90.14%
	要考虑继续深造	30	14.08%
	面对创业风险，必须承受能力不足	13	6.10%
	个人创业能力不足	188	88.26%
14. 大学里参加的何种活动有助于创业（可多选）	学生干部工作	163	76.53%
	社会实践活动	186	87.32%
	选修创新创业教育类课程	34	15.96%
	创业计划竞赛等创业活动	147	69.01%
	其他	3	1.41%
15. 大学生创业最有优势的专业	金融类专业	55	25.82%
	计算机、工业制造类专业	63	29.58%
	管理类专业	12	5.63%
	人文、社会科学类专业	2	0.94%
	各有优势	80	37.56%
	其他	1	0.47%
16. 创新创业教育中希望学到的知识（可多选）	如何激发创意	209	98.12%
	如何寻找商机	188	88.26%
	企业开办程序	63	27.39%
	资金筹集方法	121	56.81%
	管理企业万法	59	25.65%
17. 实现学生创新创业教育最为重要的途径	加强创新创业意识的培养，形成创新创业氛围	36	16.90%
	提供类似创业计划竞赛的实践训练	69	32.39%
	在人才培养计划中开设创业类课程	19	8.92%
	将创新创业教育渗透到专业教学中	74	34.74%
	制订鼓励创业政策和制度	15	7.04%

续表

问题	选项	选择人数	占百分比
18. 希望当地政府在改善大学生创业环境方面出台的政策（可多选）	放宽贷款政策	177	83.10%
	拓宽融资渠道	198	92.96%
	税收优惠	106	49.77%
	放宽新企业的审批及简化审批的程序	92	43.19%
	舆论支持	145	68.08%
	其他	2	0.94%
19. 我校在管理类专业创新创业教育中应主要加强的方面	创新创业意识的培养	32	15.02%
	专业知识中创新能力的培养	121	56.81%
	金融、管理类知识的学习	46	21.60%
	人际交往能力的培养	14	6.57%
20. 学院和学校在开展创新创业教育方面做出的举措（可多选）	设置创业启动资金	202	94.84%
	成立创业咨询机构	199	93.43%
	加强创新创业师资队伍的建设	134	62.91%
	对课程设置进行修订，形成创新创业教育课程体系	176	82.63%

二、调查问卷的分析

统计结果表明，在被访者中仅有 55.4% 的人对创业教育有一些了解或很了解，不了解的占被访者的 44.6%，这说明有相当一部分学生不知道创业教育是什么或并没有在意识中形成创业教育的概念，而认为创业教育可有可无或没有必要的达到了 28.1%，这部分学生没有认识到创业教育对自身发展的重要性，也侧面反映出湖南财经工业职业技术学院工商管理专业创业教育的开展还有待加强。

大学生在对创业的态度上是友好和积极的，认同的学生超过一半，支持和参与的人数也较多，同时统计数据表明，在是否正在创业或有创业经历一项中选择了“是”的 50 名学生中，有 21 人在对大学生创业的看法中选择了参与。可以看出创业实践是加强学生创业意识的有效途径。虽然学生对创业的认同比较高，但选择创业的人数还是比较低的。清华大学创业中心的调查报告也同样显示，中国大学生创业活动的平均水平低于全球创业观察统计出的全球平均水平，本次针对工商管理专业大学生的调查也显示出工商管理专业学生的创业意识是比较低的。在创业领域的选择上，学生选择创业启动资金少的领域仅为17.84%，而选择自己感兴趣的创业领域高达57.75%，同时选择与自身专业相结合领域的为24.41%。因此，可以看出，工商管理专业的大学生在选择创业领域上更能够尊重自己的兴趣，能考虑与自身专业相结合。从市场运作来看，这种创业领域的选择对学生的专业知识具有更高的要求，如果创业生存期能够成功度过，这种创业项目长期运营下去的可能性更大。特别是电子商务和财务管理专业的学生，选择与自身专业相结合的领域有38人，达到总人数的73%，可以看出，就算都是工商管理专业，但是不同学科的专业知识的教育也会影响学生的创业意识。这部分数据表明工商管理专业学生有接受创业教育的需求，但是由于某些原因，他们对创业教育还缺乏了解，从而影响了他们参与创业教育的积极性。从湖南科技经贸职业学院教务处，课题组了解到该学校在工商管理专业学生创业类课程设置上，仅为2015级学生分别于第二、第四、第六学期开设了《大学生职业发展与就业创业指导》的系列课程，共计3个学分。这类课程是面向全校大学生的，是学校公共类必修课程之一，主要目的是普及就业和创业教育的理论知识，对增强学生对创业教育的理论认识有一定的作用。另外，学校开设了《大学生创业就业素质工程与职业定位》《大学生创业就业与市场实战技能》《大学生创业指南》三门与创业教育相关的选修课程。在2016学年第一学期全校共计有330人次选修了创业类课程，工商管理类专业学生仅有36人选修。从调查报告中也可以看出，仅有11.27%的被访者选修过创业教育相关的课程，这个数据远远低于接受过就业指导或生涯规划教育的65.26%，这也从另一个方面解释了为什么该学校中工商管理专业的学生缺少对创业教育的了解。

针对学院学生参加各级和创业相关竞赛的调查，笔者从经济与管理学院团委收集到了2016—2018年间相关数据，比如“挑战杯”全国大学生创业计划大赛、“挑战杯”湖南省大学生科技创新计划大赛及衡阳市大学生科技创新大赛等。学校为加强创业教育实践，还组织了“科创杯”竞赛、“春蕾”大学生立项计划等，学院还成立了创新工作室，由教师教研团队牵头，有兴趣的学生都可以参与。2016 年，在所有工商管理专业的学生中，参加过各种竞赛活动的人数高达 45%，说明了该专业的学生非常关注创业类竞赛活动，并且能够积极参与。另外，针对关注创业类竞赛项目的调查，有 93% 的被调查对象表示比较关注。随着调查的进一步深入，很多学生表示，自己渴望了解到创业知识、创业资金来源和创业能力提高等方面的内容，希望能够有更多的创业优惠政策来支持自己创业。根据调研可知，很多大学生对高校所开展的创业教育抱有极高的热情，希望能够通过参与创业教育实践活动让自己有更广阔的发展平台，从中学到真正的知识和能力，提升自身的创业能力。

针对创业教育，学术界和地方高校分别进行了各种形式的研究，形成了一定的研究成果，但当前的研究尚处于初级阶段，部分地方高校一直没有将创业教育活动纳入教育教学体系中，创业教育被当作一种业余教育，没有形成有效的创业教育模式。有的地方高职院校虽然开展了创业教育，但并没有设置此方面的课程，缺乏高素质的师资队伍，教育理念不完善，没有形成有效的创业教育校园文化，上述状况不利于大学生创业教育的开展和实施，具体体现在以下几个方面。

（一）创业教育理念认识不足

地方高校并不重视创业教育，只关注大学生就业问题。此种状况导致部分高校没有开展有效的创业教育模式，对创业教育的认识不足，甚至没有把专业教育和创业教育实现有效结合，创业教育观偏离了社会需求。开展创业教育的目的就是培养更多的创业成功者，不断提高人才的创业素质，因此创业教育要吸收一切先进的文化元素，抵制落后保守的文化，让创业教育文化成为我国社会主义先进文化的推动力。地方高校要充分认识到创业教育的重要性，把创业教育和专业教育提升到一个高度。课题组认为，各地方高校可以结合自身的特色，依据国家的政策开展多种形式的创业教育，鼓励大学生自主创业，提高自身的创业教育水平，用创业思想来教育学生合理就业，以创业带动就业。

（二）人才培养目标没有和创业教育目标融合

地方高校专业人才培养的基本原则就是人才培养目标，人才培养目标代表了高等院校在人才培养中希望得到的结果，也是高校人才培养的方向。我国工商管理专业从性质上看是一个大众化专业，85% 以上的院校都开设了工商管理专业，院校不同、专业不同，人才培养目标也存在着一定的差异。工商管理专业毕业生就业的方向通常有三，一是应用型，二是工程型，三是研究型。普通的本科院校人才培养的目标通常是第一种类型，也有的地方高校选取了第二种或者第三种人才培养目标。根据以上所述可以看出，工商管理专业在人才培养方面很少涉及创业能力的培养。比如，某地方高校工商管理人才培养目标包括高层次管理与应用型人才，而这些人才的特点为具有良好的综合素质、扎实的理论和基本功、良好的职业道德、软件设计和实践能力、规范能力、沟通交流能力、协调统筹能力，以及参与国际竞争的能力，等等。根据上述分析可以看出，多数的工商管理专业人才培养目标中虽然提到了创新能力的培育，但体现不出创业教育的培养，说明了高校的培养目标和创业教育目标没有实现有效融合，影响了创业教育的有效发展。

（三）课程体系设置有待改善

有的高校虽然设置了创业教育课程，但课程的内容不完善、不规范，是一种临时、被动的应付，应该对当下的创业教育课程设置现状进行改善。教育部提出创业教育理念之后，很多地方高校依据教育部的相关文件将创业教育课程纳入教学计划和学分体系中，大多数已经开设了 1~2 门以就业为指导的创业课程，该课程的内容仍然集中在就业指导方面，甚至不属于创业教育课程体系，更缺少创业教育理论和实践活动的有效融合。

随着社会的发展，新知识和新内容不断涌现，工商管理学科核心基础知识和结构也发生了翻天覆地的变化，该学科的专业课程体系只有不断改革才能适应社会发展的需求。但当前工商管理专业课程体系的改革力度不足，现有的体系无法满足学生创业精神和技能培养的需求，导致专业创业教育得不到有效发展，普及率低，只有建立完善的创业教育课程体系，才能满足全体学生的需求。因此工商管理专业应该把创业教育课程纳入专业课程体系之中，成为工商管理专业课程体系的一部分，才能适应当前社会发展的需求。

（四）师资队伍的创业教育水平有待提升

开展创业教育的关键在于师资队伍的建设。在调查过程中，很多地方高校缺乏创业教育方面的人才，很多创业指导老师的理论知识和实践经验不足，不能给创业者更多的指导。拥有一支实力雄厚的师资队伍是大学生创业教育的前提条件。邓小平同志曾经说过，社会主义现代化建设需要大量合格人才，而培养合格人才的关键在于教师。创业教育同样依赖于师资队伍，但我国高校创业教育师资队伍力量比较薄弱，很多高校每年都在不遗余力地引进优秀教师，这些教师大多数属于高学历、高职称的研究型人才，学术能力非常强，专业理论功底扎实，但是创业能力、行业开拓能力比较薄弱，地方高校严重匮乏既有创业能力又有实践经验的优秀人才，因而限制了创业教育质量和效果的提升。随着创业教育的快速发展，地方高校对此重视程度越来越高，高校积极主动地进行创业教育师资队伍建设，但当前的师资力量主要来自高校团委、经济管理部门和学生管理部门，这些人员有的是专业教师，有的是行政人员，在创业人才培养方面均存在着专业能力不足、综合素质不高及实践能力薄弱等问题，无法满足创业教育的需求。虽然各大高校非常注重教师师资力量的培养和提升，但是创业教师在创业实践经验方面严重匮乏，成为制约创业教育质量提升的主要因素。

我国师范类大学是培养教师的主要场所，此类大学本身就缺乏创业教育，缺少创业管理，没有此方面的专业，因此我国创业型师资人才严重匮乏。对于地方高校来说，师资队伍力量不多，缺少理论知识和创业实践经验，对学生进行系统性的创业教育，学生掌握不了足够的创业知识和技能，只会增加创业的失败率。因此，打造一支强大的创业教育师资队伍，是进行创业教育的前提条件。

（五）课堂教学有待优化

课堂教学是进行创业教育的主要场所和阵地，工商管理专业现阶段的创业教育大多数是通过课堂教学完成的，但课堂教学只能教授给学生理论知识，学生无法获得实际经验和技能，因此创业教育并没有取得良好的成效。从教学内容上看，工商管理专业对学生实践能力的要求比较高，在创业教育过程中没有要求学生具有一定的实践能力，所以课堂教学的主要内容集中在操作和技能层面，对学生理论知识学习、创业意识培养重视程度不足，导致工商管理创业教育和技术知识学习之间存在着壁垒。

有的高校设置了独立的创业教育课程，该课程非常重视学生创业技巧和技能的训练，同样忽略了创业意识的培养，再加上任课教师本身缺乏创业方面的经验，学生即便是完成了对专业创业教育课程的学习，也很难获得有用的内容。美国创业教育已经实施多年，拥有实力雄厚的师资队伍，凡是从事创业教育的教师均具有一定的创业体验、创业知识与技能，所有的创业教学科目均围绕着创业教育思想进行，教师不仅能够对学生创业教育的理论知识方面进行教学，还能够让学生掌握更多的创业技能。我国工商管理专业创业教育要想取得良好成效，必须积极主动地借鉴国外先进经验，实现创业教育和专业教育的有效融合，提高教师的综合素质，各种创业教育才能够顺利实施。从教学方式上看，工商管理创业教学当前仍然沿袭着教师讲解、学生听课和做题，然后通过考试来检测学生学习效果的教学模式。此种模式是以教师为中心的，强调的是知识的传授，学生只能被动地接受知识，学生的主动性和积极性不能充分发挥，更无法培养学生的创业精神。从考核方式上看，很多地方高校对大学生的考核就是课程考试，大学生课程考试及格就能按时毕业，针对创业能力的评价当前并没有被纳入考核之中。传统的教育教学模式只能僵化学生的思维，削弱学生的创业精神，因此工商管理专业教学中应该改变这种单一的评价方法，采取多元化的考核方法。

（六）创业氛围不浓厚

开展创业教育，离不开一个良好的创业环境。我国很多地方高校当下并没有形成浓厚的创业环境，导致创业教育认识不足，服务体系不健全，影响了学生创业意识的培养，不利于学生创业知识和技能的获取。

1. 我国的创业环境不完善。《全球创业观察中国报告要点》中对全球37个国家和地区进行了为期多年的创业环境观察，中国的创业环境属于中下水平，排在第23位。中国创业环境薄弱，对创业支持力度不足，主要体现在金融支持、政策和项目、研发转移及商务环境等方面。针对我国大学生创业，当前主要的优惠政策集中在大学生创业的初创时期，比如创业项目开始的前三年，还有很多政策属于应急性政策，只能解决短时问题，不能为大学生创业建立起长效机制。中长期政策的严重匮乏，影响了大学生创业的成功率。

2. 创业教育辐射度和受益面较窄。高校创业教育设置的初衷是为了面向全体学生，但当下只有小部分学生受益，相当大的一部分学生并没有从创业教育中受益，说明高校中当下并没有形成创业教育大氛围，特别是工商管理专业的学生中只有少部分学生参与到创业教育实践活动中，而创业教育实践环节基本上是由创业科技园或创业工作室来承担，学生们在这里进行自主设计，创办公司，从事各种创业活动，实现科技成果的有效转化，但是因为资源和资金等条件的限制，不能在大学生群体中全面普及，只有一小部分学生能够通过这种典型的创业教育实践活动获得创业知识和技能，大多数学生被排斥在外。特别是创业竞赛活动，大多数学生只能作为看客，只有少数精英学生才能参与。

3. 宣传不到位、舆论不浓烈。针对创业教育，高校的宣传力度不足，没有对创业典型案例进行深度挖掘，甚至深受传统文化的影响，部分高校对于创业教育的紧迫性缺乏有效认识，对大学生毕业创业重视程度不足。对于高校大学生和毕业生来说，他们关注的重点在于就业方面，对创业并不关注，认为创业只是少部分学生的行为，成功的可能性不大，因此不太重视创业教育。此背景之下，创业教育很难得到有效发展。

我国创业教育本身起步比较晚，当前处于发展的初级阶段，虽然创业教育理念已经在社会公众群体中全民普及，很多地方高校纷纷开展了多种形式的创业教育，但创业教育发展过程中仍然存在着各种问题，因此我们要正确认识创业教育，理解其内涵，明确其人才培养模式，为我国培养更多的创业型人才，推动社会经济的可持续发展。

第三节　创业教育模式探索

在创业思想指导下形成的相对稳定的创业教育活动程序和方法体系，称为创业教育模式。本节对国内外地方高校创业教育模式进行全面梳理，然后结合工商管理专业的特色，探索适合地方高校中该专业创业教育的可行模式。

一、教育理念的建设

受到我国应试教育的影响，高校学生非常重视基础知识的学习，而创业能力的学习则被严重忽略，导致学生基础知识非常扎实，但缺乏创业能力。当今社会已经进入知识经济时代，社会各个领域发生了翻天覆地的变化，传统的教育理念已经过时，无法适应新时代的要求，因此应该引入大量的新理论、新知识，增强学生的社会责任感，提升学生的动手创新能力，创业教育就是在此背景下提出的。创业教育的核心在于培养大学生的创业能力和素质，目的就是丰富大学生的社会知识，提高大学生的自身素质，让大学生能够把理论知识主动运用到实践中，实现社会财富的增加，推动社会经济的进步。创业能力的形成需要一个漫长、系统化的过程，首先需要形成良好的创业意识。高等院校只有改革当下的教育理念，不仅要重视专业基础知识的教育，还要重视创业教育，把创业教育纳入教学目标之中，纳入基本教学之中，同时还要对当下的教育模式、教学内容及课程体系进行改革，为创业教育的发展制造条件。工商管理行业人才培养的关键在于创新，企业管理的关键也在于创新，只有创新才能够为社会输送更多优质的工商管理专业的人才。所以，通过创业教育进一步激发学生的创新能力，是工商管理专业人才培养的关键。工商管理专业首先要对当下的教育、教育观念进行改革，正确认识创业教育，然后把创业教育和专业教育融合在一起并重发展。理念决定行为，行为决定行为效果，因此，形成正确的创业教育理念，付诸教育行动，才能取得理想的教育成效。工商管理专业创业教育过程中要改革传统的教育理念，明确专业教育和创业教育之间的相关性，提高对于创业教育的重视程度，培养学生的创新精神、创业意识和创业能力，不断提升学生的社会责任感，在专业教育的过程中融入创业教育，实现专业教育和创业教育的共同发展。

二、人才培养目标的建设

培养学生自由全面发展是地方高校教育的本质，而创业教育总体目标体现在三个方面，一是培养学生的创业精神，二是培养学生自主创业能力，三是对学生的创业生涯进行全面规划。创业教育人才培养的目标非常明确，工商管理专业教育和创业教育要围绕着人才培养目标进行。工商管理专业首先要明确创业教育目标，然后对当下的人才培养目标进行调整，实现两个目标的高度一致，只有如此才能实现工商管理专业教育和创业教育内容的相互融合。

三、课程体系的建设

鼓励学生自主学习、教师适时地给予指导，是创业教育课程体系建设的前提条件。创业教育课程体系设置的目的就是提高学生自主学习的能力，培养学生创新、开拓的能力。工商管理专业教育中要形成多元化的课程体系，让多个课程能够相互渗透，实现学生自主学习能力、创新开拓能力的提升。

（一）开设创业类课程

创业课程体系包括创业类的必修课程和选修课程，地方高校应该结合本校创业教育的具体要求设置，在必修类课程中，重点是让学生掌握创业理论知识，形成基本的创业意识。课程可以设置在大一和大二期间，比如《创业指导》《创业创新管理课程》《创业心理与技能》等，其教学模式为课堂教学和专题讲座相结合，学生可以通过课堂学习了解创业的基本知识，通过专题讲座了解创业所需具备的基本技能，从而达到培养学生创业意识的目的。在选修类课程中，重点培养学生的创业实践能力，对学生实施个性化培养，可以在大三或大四开设此类课程，比如《商业计划书》《创业领导艺术及教育》《企业成长战略》《创业机会识别》等。教学模式集中体现在模拟演练，让学生通过实战获得经验，提高自身的创业实践能力。只有理论和实践相结合，选修课和必修课安排合理，才能实现创业教育效果的提升。

（二）对公共类课程进行优化

在公共类教育课程中融入创业思想教育，有利于培养学生的创业精神。可以在公共类选修课程中融入创业教育，学生可以根据自己的喜好选择此方面的课程，从而提高学习的主动性和积极性。比如体育课程可以开设专项选修课，学生可以凭借自己的爱好选择其中的一项竞技类体育项目，这样才能调动学生学习的积极性。美国大学非常注重基础课程的拓宽，让学生有更多的选择，很多学生都选择了自己比较喜爱的课程。而创业课程也可以融入这些基础课程之中，学生在学习公共类课程的过程中接受创业教育，形成创业思想。我国很多地方高校公共类课程的体系比较完善，可以融入创业理念，让创业教育课程和文化素质课程实现有效整合，学生可以根据自己的情况自由选择与学习。

（三）创业课程与专业课程相互渗透

面向全体学生是创业教育设置的初衷，要想让全体学生都能够接受到创业教育，就要把创业课程融入专业课程体系，学生在学习专业课程过程中同时学习创业教育课程内容，而创业教育课程能够丰富和完善专业教育课程体系，具体方法有以下三种。第一，让学生参加短时间的实习实训，或者利用假期进行实习实训。比如在大一、大二、大三、大四可以分别开设《暑期企业参观》《暑期企业实习》《专业实践》《项目案例分析》等。第二，设置多个选修课程，像工商管理学科前沿理论、创业理论等，让学生通过选修课的学习提高自身的实践和创业能力，比如《当前工商管理研究热门课题》《技术经济应用》《以服务为中心的企业策划设计与实现》等。第三，增加综合性跨学科课程。鼓励学生学习更多的选修课程，扩大自身的知识面，挖掘工商管理领域和其他领域之间的联系，从中发现商机。

四、师资队伍的建设

建设创意型师资队伍，是开展创业教育的关键。地方高校只有拥有一支实力雄厚的创业师资队伍，才能够更好地开展创业教育。因此各大地方高校要进一步完善教师引进、培养和选拔机制，不断地提高师资队伍的综合实力，具体需要做到以下几点。第一，建设专职创业教师队伍。除了引进此领域的专业人才之外，还可以和企业进行合作，鼓励有成就的创业企业家加入教师队伍中，把自身的创业经验教授给学生。社会各领域均有很多成功的创业人士，地方高校可以聘请这些成功的创业人士来学院担任客座教授，手把手地教大学生进行创业，大学生可以从中获得更多的实践经验。第二，充分利用教育部牵头举办的创业教育师资培训班，鼓励更多的教师参与，通过培训班的专业培训，能够迅速提高教师队伍的综合能力。第三，学校要为创业教育的任课教师提供更多的培训机会，让教师能够通过多种形式的学习掌握创业教育的基本知识和方法。在教师培训方面，地方高校应该从政策和经费上给予支持，为教师提供参加各种培训工作的机会，教师只有学习到最前沿的知识、了解了最前沿的科研成果才能更好地进行创业教育，才能取得良好的创业教育效果。第四，提高行政部门工作人员的能力。行政部门的工作人员虽然没有直接和学生的创业教育相接触，但此类人员会直接影响到创业教育的未来发展和创业教育的实施效果，因此要加强对此类人员的培训，提高此类人员的综合素质。比如成立学习小组，让行政管理部门的工作人员进行学习，了解创业教育的内涵，提高工作人员在学生管理方面的能力。第五，定期对创业教育师资队伍进行考核，并制定相应的激励机制，对于优秀的教师进行鼓励，淘汰不合格的教师，实现教师队伍的优化。

五、课堂教学的建设

创业教育教学质量提升的关键在于课堂教学，课堂教学必须以学生为主体，在教师的指导之下，根据创业教育思想对学生进行创业能力培训。因此优化创业教育课堂教学，是提升创业教育成效的关键。

（一）教学内容

根据启发式教学理论，学生是教学的主体，而教师则起到引导作用。学生创业意识的形成、创业活动的参与感受深受任课教师的影响，因此任课教师只有正确地理解创业精神，才能对学生进行有效引导，才能充分激发学生的创业热情。多年以来，工商管理专业的教师一直沿袭着灌输式的教育方法，对专业课程、专业教育掌控能力非常强，但是对创业教育了解不足，缺乏创业精神和创业实践能力。因此在此环节上存在着不足，无法对学生的创业精神进行培养。另外，在创业实践能力和创业精神培养方面，教学设计和计划安排不合理，也影响了教学效果的提升。因此任课老师在创业教学活动的过程中，要打破传统，形成创新思路，鼓励学生大胆创新、大胆设想、大胆提出新问题，探索发现创业过程中的各种问题，并不断提高自身解决问题的能力。比如在课堂教学过程中，鼓励学生大胆质疑，找出解决问题的方法，同时集思广益，鼓励更多学生参与。任何教师对于创业大学生来说不仅要教会他们如何学习、如何掌握知识和技能，更要教会他们及时地把握前沿知识、了解市场新动态，以及提升自身的创业能力。

在实践教学环节，为学生提供更多的实践机会，鼓励学生把理论知识运用到实践中，提高自身的实践能力。工商管理实践主要目的是培养学生的动手能力，也是创业教育的重点内容，将创业实践活动、专业实践活动有效衔接，在具体的动手操作过程中获得知识和经验。地方高校应该为学生提供更多的实践条件，比如建立实验中心、演习场地、社会实践基地等，让学生在开放性的实践环境中体验创业过程，从而培养学生的创业实践能力。特别是工商管理专业的毕业设计就是一门实践性非常强的课程，学生可以根据实践项目来确定毕业设计题目，从而在具体的实践项目中总结出规律，实现创业能力的提升。

（二）教学方法

合理的教学方法是提高教学质量的关键，工商管理创业教育要采用多种可行性比较强的教学方法，建立起多元化、系统化的教学方式，比如引入多媒体、采用互动式教学及项目驱动法等，多个教学方法并用能够调动学生学习的积极性和主动性。比如项目驱动法，该方法在工商管理专业的教学中经常使用，师生共同实施一个完整的项目，然后根据该项目开展教学活动。此种方法经常用于程序设计课程中，从一个简单模块开始，然后对内容逐步进行补充、扩展和加深，随着项目内容的从小变大、由浅入深，学生的学习也进一步深入，最后形成一个实用程序。项目驱动法最典型的特点就是教学目标明确，教学内容和实际生产与经营密切相连，学生通过动手动脑解决问题，获得知识，所以此种方法能够充分调动学生学习的积极性。学生在完成具体项目的过程中，不断地去发现问题、提出问题和解决问题，并在其中获得理论知识和实践能力，从而实现学生创业能力的提升。

湖南工学院陈国生教授在《“企业经营与管理”教学中的创业素质教育方法探讨》一文中深入地分析了创业教育的具体教学方法，他认为只有不断地更新创业教育方法，才能够更好地开展专业创业教育。

（三）考核方式

考核是检验创业教育效果的有效方法，应该建立完善的评价体系，对学生的创业能力进行全面评价。在考核内容上，要把理论知识、操作技能作为考核的重点。可以结合实际问题，判断学生解决问题的能力。在考核评价上，可以让小组成员之间互相评价，相互沟通交流，增强小组成员之间的团队创业意识；在考核方式上，要以提升学生创业能力为标准，设置科学合理的考核方式，围绕着创业教育课程的内容和特点进行考核。

六、创业教育环境的建设

地方高校、政府和企业相互支持与合作，是中国创业教育模式的显著特征，三者相互合作，共同努力，构建良好的创业教育环境，为创业教育的发展奠定基础。创业教育环境可以分为两个方面。

（一）社会创业环境建设

首先，政府应对创业教育资源进行整合，制定出相关的支持政策、激励机制，为大学生自主创业提供更多的机会，比如设置大学生创业基金，提供贷款和无息资助，解决大学生创业者融资难问题。开展各种创业培训工作，设置创业孵化园，让大学生能够在一个良好的环境中自主创业，并且不断地提高自身的创业能力。其次，各大成功企业应积极地参与到创业教育中，推动工商管理专业人才培养目标的实现。成功人士如同榜样，能够对大学生创业者起到激励作用，并且能够为大学生创业者带来创业的实际经验，有利于提高大学生创业的成功率。

（二）校内创业文化建设

构建良好的校园创业文化，能够提高大学生创业的积极性和主动性，具体体现在以下几个方面。

第一，加大创业宣传，发挥榜样力量。可以利用校园作为宣传阵地，通过多种方式和渠道宣传创业，也可以通过榜样的力量去号召大学生创业。对于积极创业的大学生要给予多方面的支持和鼓励，激起大学生的创业热情。典型案例和典型人物最能够激发学生的创业热情，更有利于培养学生的创业理想和兴趣，有利于提高大学生的创业信念，形成创业观。也可以借助于校园网对创业进行宣传。

第二，开展创业讲座。为了弥补学生社会经验的不足，很多地方高校举行了多种形式的创业讲座。地方高校可以借助各种社会资源，鼓励成功的社会人士到高校组织讲座，让社会人士为学生传授创业经验和经营管理经验。创业讲座是一种行之有效的教育方法，地方高校应该设置创业讲座制度，对创业讲座实施长期化和制度化管理。

第三，开展创业实践活动。充分利用创业市场的各种资源，也可以通过市场化运作为学生提供更多的社会实践机会，开展更多的社会实践活动，让学生在一个全真的创业环境下掌握创业知识和经验。工商管理专业的应用性非常强，即便在校园内也可以开展各项实践活动。比如，成立学生创业社团、创业工作室及建立创业网站等，在校园内就能够开始创业企业的孵化，有利于提高创业的成功率。

第四，开展创业类竞赛。开展多种形式的创业类竞赛，鼓励高校学生共同参与，让学生能够从竞赛中获得创业知识和能力。竞赛过程实质上就是模拟创业的过程，学生通过参加竞赛，不仅能够积累丰富的创业经验，还能够实现自身管理能力、团队合作能力的提升，同时还能增强学生创业的心理素质。再加上专家评委的指导，学生解决问题的能力能够得到进一步提升。

只有形成活跃的创业文化，才能够生成更多的创业行为。高校推进创业教育过程中构建良好的创业文化、形成良好的创业环境，让大学生能够在良好的文化和环境下形成创业理念、培养创业精神。

第四节　工商管理专业创业教育模式图

为满足社会经济发展对创业型工商管理人才的需求，在工商管理专业开展创业教育时可采用综合式的创业教育模式。在工商管理人才培养的过程中应突出专业特点，注重学生创新精神、创业能力的培养，及时更新工商管理专业人才培养的观念，将创业教育纳入工商管理人才培养体系，并作为教学的重要内容。加强创业教育的师资力量，提高教学质量，营造出浓厚的创业氛围，以社会活动为依托，以竞赛活动为载体，以此来更深入地推进创业教育，提高创业教育的成效。

本章对工商管理专业创业教育的总体设计和规划提出了系统性的建议，构建出较具体的工商管理专业创业教育模式图（见图 5–1）。

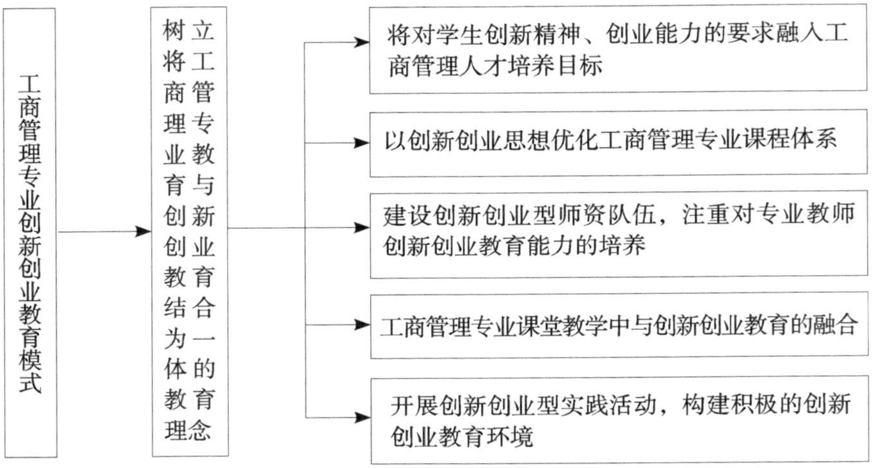

图 5–1　工商管理专业创业教育模式

注释

［1］中华人民共和国国家统计局 . 中国统计年鉴 .2017—2019.

［2］彭曲波，曹亚文，江明辉，等 . 200 位创业者眼中 10 座理想创业城市［J］. 中国孵化器，2007（10）：32–35.

［3］贺桂和、莫利桃 . 湖南省农村电子商务政策文本分析［J］. 荆楚学刊，2019（4）：67–70.

［4］孙清潮 . 创业教育应贯穿大学教育的始终［J］. 科技与教育，2002（1）：58–60.

［5］郭忠孝，张永明，张红，王仲德 . 大学生创业重要性及创业意识、能

力的培养途径［J］. 辽宁行政学院学报，2005（2）：106–109.
［6］赖德胜，李长安 . 完善创业教育体系，迎接创业高潮［J］. 求是，2009（14）：112–114.
［7］吴金秋 . 创业教育的目标与功能［J］. 黑龙江高教研究，2004（11）：99–101.
［8］胡晓娥，洪恩强 . 当前在大学生中开展创业教育应注意的几个问题［J］. 江西青年职业学院学报，2006（12）：4–6.
［9］贾少华 . 大学生创业能力的获得——对浙江义乌创业者创业实践调查的启示和思考［J］. 中国高教研究，2008（7）：74–77.
［10］徐建军 . 大学生自主创业应理性为先［J］. 现代大学教育，2006（2）：93–95.
［11］郭必裕，沈世德 . 对普通工科院校大学生创业的调查分析［J］. 南通工学院学报，2002（9）：71–73.
［12］罗尧成，刘彬 . 上海市大学生创业调查分析与对策建议［J］. 中国职业技术教育，2006（5）：44–46.
［13］罗劲松，叶彬强，王毅 . 重庆工学院大学生创业意识调查研究［J］. 广西青年干部学院学报，2008（7）：14–16.
［14］李楚英，王满四 . 美国大学创业教育模式及与中国比较［J］. 高等农业教育，2010（2）：90–93.

第六章　高职数控技术专业创业能力和实践能力培养模式的探索

为了适应机械制造业对数控技术应用型人才的迫切需要，对地方高校数控技术专业人才培养的教学改革已势在必行。近年来，湖南财经工业职业技术数控技术专业在教学改革中，注重人才培养的针对性和实用性，突出学生专业技能的培养。在教学过程中，以职业活动为导向，以工作过程为载体，努力进行双证融通、情境教学、工学结合的人才培养模式的探讨，对该专业双证融通、情境教学、工学结合模块的工作过程及专项能力进行了分析，设置了课程体系、教学方案，并对教学流程进行了设计。促进学历证书与职业资格证书这两类证书内涵的衔接与对应，实现了高职课程标准与职业资格标准的融通、学历教育与职业资格培训的融通。该专业以教学内容和课程体系改革为重点，整体优化理论和实践教学体系，促进了学生知识、能力和素质的协调发展，较好地满足了人才市场的需要。

第一节　双证融通情境教学工学结合模块的工作过程及专项能力分析

为了解企业对数控技术专业人才的需求情况，湖南财经工业职业技术学院组织教师深入湖南省衡阳市的多家企业展开调研活动。通过对企业的用人标准、用人层次、招人的途径、内部人才培养途径，以及与学校合作培养人才等各个方面的调研，分析企业对高职毕业生的认识、人才需求情况、人才的岗位分布，以及人才岗位能力需求，找出数控技术专业教学改革中应注意的关键问题和教学体系设计的思路，确立专业建设和发展的方向。从调研中得知，数控技术专业双证融通情境教学工学结合模块的工作过程及专项能力分析见表 6-1。

表 6-1　数控技术专业双证融通情境教学工学模块工作过程及专项能力分析

序号	岗位名称	工作过程分析	专项能力	主干课程
1	生产制造高级技师	读懂零件图—零件加工—调试—返工维修—检验—入库	制造加工能力，维修检测能力	机械基础，生产工艺，中高级钳（车）工考证
2	机械工程师	方案设计—机械设施—软件应用	机械设施能力，软件应用能力	Pro/e 考证，机械设计基础，金属切削机床
3	数控编程工程师	工艺方案设计—数控编程—数控加工	工艺设计能力，数控编程	机械制造工艺，数控编程考证
4	机床维修高级技师	方案设计—机床维修—软件应用	机床维修，软件应用	机床夹具，Mastercam 考证，数控机床控制及维修

第二节　双证融通情境教学工学结合模块式课程体系

一、双证融通情境教学工学结合模块式课程体系的构成

依据数控技术职业岗位（群）必备的知识、能力和素质等要素转换为相关模块的课程，构成双证融通情境教学工学结合模块式课程结构。将数控技术专业分解为三个大模块：基本职业素质模块、双证融通情境教学模块和职业定位顶岗实习模块。在此基础上又细分为：公共素质模块、专业基本素质模块、生产制造加工工学模块、机械工程师工学模块、数控编程工学模块、数控机床维修工学模块、职业定位专项实训模块和顶岗实习就业模块，共计 8 个模块，见图 6-1。

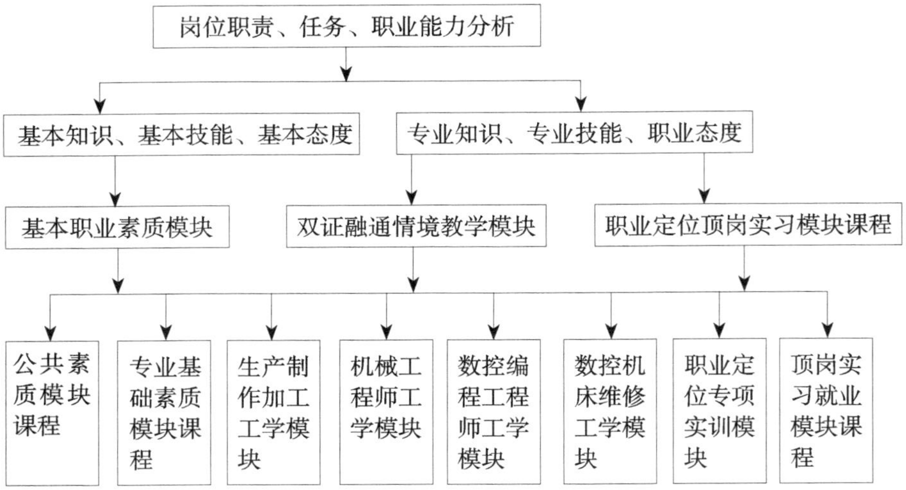

图 6-1　数控技术专业双证融通情境教学工学结合模块式课程体系构成图

二、双证融通情境教学工学结合模块式课程体系科目的课程构成

在数控技术专业双证融通情境教学工学结合模块式课程体系的架构中，其模块式课程体系有 3 个一级模块课程、8 个二级模块课程和 31 个科目，课程构成见表 6-2。

表 6-2　数控技术专业双证融通情境教学工学结合模块式课程体系科目的课程构成

一级模块	二级模块	科目课程
基本职业素质模块课程	公共素质模块课程	毛泽东思想和中国特色社会主义理论体系概论、思想品德修养与法律基础、形势与政策、基础英语、应用文写作、计算机应用基础、体育、入学军训教育、大学生心理健康
	专业基本素质模块课程	高等数学、机械制造基础、互换性与技术测量、机械制图及 CAD
双证融通情境教学模块课程	生产制造加工工学模块 机械工程师工学模块 数控编程工程师工学模块 数控机床维修高级技师	机械基础、生产工艺、申高级钳（车）工考证；Pro/e 考证、机械设计、金属切削机床数控编程、机械制造工艺、数控机床与维修；机床夹具、数控机床控制及维修、Mastercam
职业定位顶岗实习模块课程	职业定位专项实训模块课程 顶岗实习就业模块课程	职业生涯规划专题讲座、就业指导专题讲座、顶岗实习、毕业设计（论文）及答辩

第三节　双证融通情境教学工学结合模块的教学方案

一、数控技术专业教学方案编制流程

依据数控技术专业能力确定本专业双证融通项目，依据双证融通项目任务确定教学任务，依据教学任务确定教学内容及教学情境设计，依据教学内容及教学情境设计安排教学学期及学时，校企共同组织实施，并组织成果验收与考核，教学方案编制流程见图 6–2。

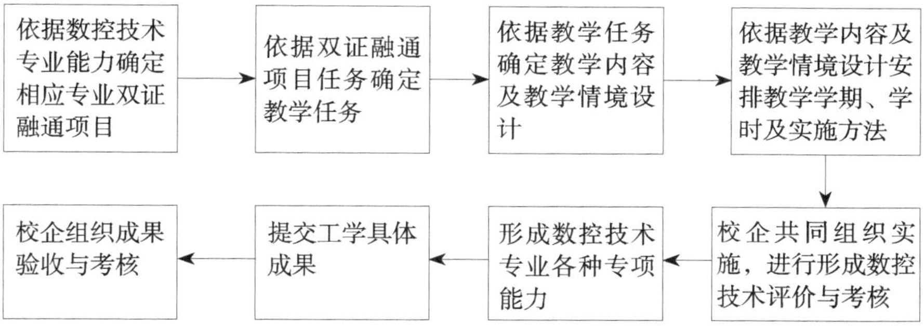

图 6–2　数控技术专业双证融通情境教学工学模块教学方案编制流程图

二、双证融通工学结合模块教学方案

以数控技术专业双证融通情境教学工学结合过程的八个模块为依据，由“学期安排与周数”“岗位专项技能”“双证融通（知识能力素质）要求”“教学内容及教学情境设计”“组织实施”“工学具体成果”和“考核方式”7 个部分组成数控技术专业双证融通情境教学工学结合模块的教学方案，分别见表 6–3 至表 6–8。在教学中，将企业的真实项目和工作过程引入情境教学实训室，实现理实一体化教学，真正实现工学结合的四个“紧配合”。

表 6–3　专业基础素质模块与生产制造加工模块

模块组成部分	模块教学方案
学期安排与周数 专项能力	第一学期（16 周） 1. 计算机应用能力及英语能力 2. 自学及创新能力
知识能力 素质要求	1. 以高等数学为主，培养抽象逻辑思维能力 2. 以机械制图及 CAD、机械制造基础、互换性与技术测量性为主，形成学生数控技术基本能力
教学内容及教学 情境设计 组织实施	围绕项目任务开设的教学内容 1.《应用数学》2.《机械制图及 CAD》3.《机械制造基础》4.《互换性与技术测量》 情境教学实施 1. 在学院进行《两课》《大学英语》《体育》教学 2. 根据课程内容安排不同的实训场所，组织实施教学 3. 利用情境教学基地完成《机械制造基础》《机械制图及 CAD》等基础教学 4. 利用校内外实训基地由现场专家组织学生实践，并掌握技能技巧
工学具体成果 考核方式	完成实训报告十份 专业教师与企业专家共同考核；平时考查与理论测试，现场作业与成果评价相结合

表 6–4　机械产品开发模块

模块组成部分	模块教学方案
学期安排与周数 专项能力	第二学期（18 周） 1. 冷冲压工艺设计 2. Pro/e 应用能力
双证融通要求	1. 掌握金属切削原理与刀具 2. 取得中高级钳工资格证，冲压模具设计师资格证
教学内容及教学 情境设计 组织实施	围绕项目任务应开设的教学内容 1.《机械设计基础》2.《金属切削机床与刀具》3.《Pro/e》 情境教学共同实施 1. 专业教师、企业专家结合设计项目进行《Pro/e》的教学 2. 应用 Pro/e 制作零部件
工学具体成果 考核方式	中高级 Pro/e 资格证 专业教师与企业专家共同考核；平时考查与理论测试，现场作业与成果评价相结合

表 6–5　数控编程工学模块

模块组成部分	模块教学方案
学期安排与周数 专项能力	第三学期（16）周 1. 零件工艺分析能力 2. 塑料模具设计能力
双证融通要求	1. 熟悉机械制造工艺 2. 数控编程
教学内容及教学情境设计 组织实施	围绕项目任务应开设的教学内容 1.《机械制造工艺》2.《数控加工工艺及编程》3.《数控机床控制技术》 情境教学实施 1. 专业教师、企业人员对《机械制造工艺》《数控加工工艺及编程》进行教学 2. 情境教学基地实训开发项目
工学具体成果 考核方式	编制零件数控加工工艺程序 专业教师与企业专家共同考核，平时考查与理论测试，现场作业与成果评价相结合

表 6–6　生产制造工学模块

模块组成部分	模块教学方案
学期安排与周数 专项能力	第四学期（20）周 1. 数控机床维修 2. Mastercam 软件应用能力
双证融通要求	1. 掌握数控机床控制原理 2. 掌握模夹具设计 3. 具有 Mastercam 制造工程证
教学内容及教学情境设计 组织实施	围绕项目任务应开设的教学内容 1. 数控机床控制及维修 2.《Mastercam》 情境教学实施 1. 专业教师、企业人员对《模具制造工艺》《Mastercam》进行教学 2. 情境教学基地实训开发项目
工学具体成果 考核方式	Mastercam 制造 专业教师与企业专家共同考核；平时考查与理论测试，现场作业与成果评价相结合

表 6–7　顶岗实习就业模块

模块组成部分	模块教学方案
学期安排与周数	第五学期（20 周）
专项能力	综合能力及顶岗就业能力
工学结合要求	1. 了解近年来数控技术发展概况 2. 了解顶岗实习单位本职务工作流程和岗位职责 3. 向本单位技术、管理人员学习管理经验和相关技术知识 4. 收集资料、深入分析、了解原理，编写本单位模具设计与制造技术资料 5. 对本单位产品提出改进或完善的建议 6. 完成实习报告
教学内容及教学情境设计组织实施	围绕项目任务应开设的教学内容 1.《就业指导》2.《顶岗实习指导》3.《创业讲座》 校企共同实施 1. 企业专家现场进行《两课》教学 2. 采取学院 + 企业 + 顶岗就业的方式，聘请项目总工担任指导老师，学生以技术人员的身份，在现场担任一定的工作，完成顶岗实习 3. 教师与技术人员对学生进行个性指导
工学具体成果考核方式	提交顶岗就业实习报告一份（不少于 3 000 字），企业实习评价一份 相关实习工作项目设计（不少于一项） 根据在企业的工作表现和该职业应具备的职业能力，由校企共同组织考核

表 6–8　职业定位专项实训模块

模块组成部分	模块教学方案
学期安排与周数	第六学期（18 周）
专项能力	树立正确的职业观和就业观
工学结合要求	1. 结合前面六个教学单元，全面总结前四个学期学业成效，总结个人的特长、优势与不足 2. 根据专业技能倾向及市场需求拟订求职意向 3. 根据个人发展趋势进行职业规划
教学内容及教学情境设计组织实施	围绕项目任务应开设的教学内容 1.《两课》2.《自我推荐》3. 人文讲座 4. 成功企业家讲座 5. 前沿技术讲座。 校企共同实施 1. 企业专家现场进行《两课》教学 2. 学生个人陈述学业总结与职业规划，要求提交文字报告并配备 ppt 演示 3. 组成答辩组：学校 + 企业 + 用人单位 4. 企业专家开设专题讲座专题研讨会
工学具体成果考核方式	提交三年学业总结，完成个人的职业规划方案，并确定就职意向 学校 + 企业 + 用人单位共同答辩

第四节　双证融通情境教学工学结合模块教学的流程设计

应用数控技术专业双证融通情境教学工学结合模块教学的流程为：第一学期到第四个学期依序安排“入学军训教育”“专业基本素质工学模块”“生产制造工学模块”“Pro/e 工学模块”“数控编程工学模块”“Mastercam 制造工程师模块”6 个模块课程，第五、六学期主要安排“职业定位专项实训模块”和“顶岗实习就业模块”2 个模块课程，见图 6-3，职业素质拓展模块教学贯穿于双证融通情境教学工学结合模块教学的全过程。

教学周数	4 周	16 周	16 周	20 周	20 周	20 周	20 周	18 周

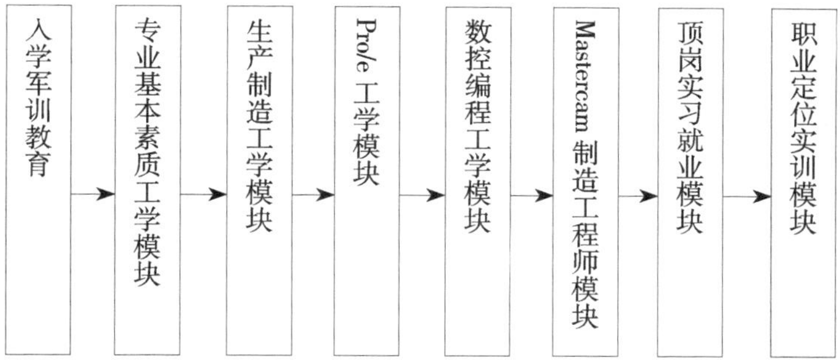

图 6-3　数控技术专业双证融通情境教学工学结合模块教学流程图

总之，通过以上的教学改革，湖南财经工业职业技术学院数控技术专业学生的综合能力得到了提高，毕业生在工作中具有较强的适应能力，深受用人单位欢迎，该专业已成为湖南省地方高校中较有影响力的专业。为了满足制造业对数控技术人才的需求，应继续在数控技术教学领域进行探索与实践，为国家机械制造业的振兴输送大批数控技术合格人才。

注释

［1］王福英，林艳新，侯新．创新创业教育与会计学专业教育融合探讨［J］．会计之友，2010（3）：123–124.

[2] 刘沁玲 . 知识创业论 [M] . 西安：陕西科学技术出版社，2004.
[3] 王彩华 . 我国地方高校创业教育研究 [D] . 上海：华东师范大学，2007.
[4] 衣俊卿 . 中国高校创业教育现状分析 [J] . 教育，2006（18）：58-59.
[5] 吴晓琳 . 理工科地方高校产学研合作教育体系的构建 [J] . 南京航空航天大学学报（社会科学版），2003（6）：79-82.
[6] 肖灵机，黄亲国，周建设等 . 地方高校创业孵化器与创业精神教育研究 [J] . 南昌航空工业学院学报（社会科学版），2005，7（4）：68-72.
[7] 樊耘，王颖 . 中外工科人才培养模式的比较研究 [J] . 比较教育研究，2000（1）：17-20.
[8] 王兰 . 地方高校计算机专业学生创业教育模式研究 [D] . 四川：西南交通大学，2011.
[9] 殷志，邹瑾 . 共青团服务大学生创业工作的问题及对策——以衡阳市石鼓区为例 [J] . 南华大学学报（社科版），2011，12（6）：78-80.

第七章　旅游管理专业学生创业能力评价指标体系及其培养模式的构建与研究

地方高校已经进入大众化发展阶段，旅游管理高职教育也相应地转向创业型人才培养，以适应社会对掌握职业知识与技术的创业人才的需要。近年来，职业经理人培养在国内的发展非常迅速，职业经理人的缺少也相应地滞缓了创业教育的发展。[1]也正是在职业经理人的大量需求下，国内许多高等院校都开设了与职业经理人有关的课程，但由于创业教育与专业课程密切相关，使得相关课程在课程内容、教学方法和实践方式上还不是很成熟。结合湖南科技经贸职业学院旅游管理专业创业型人才的培养方法和培养模式的实践，基于 CDIO［构思（Conceive）、设计（Design）、实施（Implement）和运行（Operate）］的理念，提出了“两结合（cooperation），两阶段（stagesection），知识（knowledge）、能力（ability）、素质（quality）三位一体”型的“CC-SS-KAQ”创业型全新人才培养模式，以期推进地方高校的质量工程，落实办学特色，改善学用矛盾。

第一节　旅游管理专业创业型人才的培养现状

作为一门新兴的课程体系，旅游管理专业创业型人才的教学方式还不完善，仍在不断改进探索中，就湖南科技经贸职业学院旅游管理专业创业型人才的培养现状来看，存在如下问题。

一、没有将创业型人才的培养与专业教育相结合

创业型人才的培养与专业人才培养不同，创业型人才在素质方面比普通专业人才具有更高的要求。很明显，创业型人才的培养不可能离开专业教育而单独进行，作为创业型人才，首先必须具有良好的专业方面的知识。我们知道，专业教育一直是高等教育进行人才培养的主要形式，所以我们要把创业型人才的培养与专业教育充分结合，在教育的过程中贯彻实施创业教育理念，对教学内容、教学方法和评价方式等方面进行改革，使受教育者在接受专业教育的同时接受创业教育，在获得专业知识和技能的同时获得创业的基本知识与技能，尤其要在培养专业素质的同时注重培养其创业的基本素质。[2]

二、教学目标不明确

所谓的创业型人才是指一种潜在的创业人才，即在大学毕业以后，可能会成为企业家、老板或者其他岗位上劳动者的人才。但是，从创业型人才转化为创业人才还需要有一定的机遇和条件。因而，地方高校进行创业教育的目的并不是直接地培养创业人才，而是培养创业型人才，让旅游管理专业的高职学生都具备创业精神和创业意识，能够充分发挥自己的聪明才智，进行开拓性、创造性的工作。

三、实践环节单一化，不利于精英创业教育的开展

旅游管理专业是更侧重于实践性的专业，需要大量的实践环节来辅助学习，而目前开展这些实践环节的条件却非常缺乏，不能为学生提供足够良好的实践环境。很多院校在开展专业实践环节的教学时都采用课内实验的形式，并且主要以验证性实验为主体，综合性实验以及设计性实验较少，不利于精英创业教育的开展，也使得学生的综合能力无法达到社会需求。[3]

四、教学手段落后

虽然现在绝大多数高等院校都使用多媒体教学方式，然而在教室里主要还是以教师为主体的教学方式，对于实践性很强的创业型人才培养来说也不再适应。

第二节 旅游管理专业大学生的能力评价内容和评价体系

作为现代综合性旅游产业的经营者、管理者和决策者，创业型旅游管理人才必须具有高水平的创业能力和全方位的综合素质，才能适应时代的要求，适应高科技水平和高信息时代市场竞争的需要，未来优秀的旅游管理创业型人才应具备综合的知识、能力和素质结构。随着湖南“旅游强省”战略的实施，湖南旅游发展对人才的需求也相应地从知识型转向了能力型、素质型和创业型，尤其是对于旅游管理创业型人才的需求更是极大。这就要求以培养旅游管理创业型人才为主的地方高校要不断地调整办学机制和办学模式，优化课程结构和内容体系，不断地更新教学手段和教学方法，追求教学质量和教学水平的提高。

特色或创新项目是制约地方高校学生创业能力提升最为关键的因素，是旅游管理专业办学成果的最集中体现，也是用人单位和受教育者最关心的项目。尽管各地方高校都已经充分地认识到，专业没有特色也就意味着专业失去存在的价值，不少地方高校的旅游管理专业也在积极地为形成特色努力工作，但总体而言，特色并不十分突出，高水平的创新项目也不多，要办成特色的高职旅游管理专业的路还很长。[4]

高职学生创业能力评价是一项复杂的社会活动，要使这项活动具有正确的方向和科学的方法，产生良好的社会影响和效果，既要有符合当前地方高校学生创业能力评价的实践，又要有相应的创业教育理论作为基础。在对湖南地方高校旅游管理专业创业教育进行科学化、规范化评价的过程中，各种评价指标是有效的工具和手段。评价指标具有两方面的基本功能。

一是它的计量性和描述性功能，能够对创业能力现象的量的表现进行计量，从而更精确地描述出创业教育现象究竟如何。计量性功能有助于改变人们以往对高职学生创业能力的认识，改变之前往往是只知大概，不知细节和数量的状况，使人们对高职学生创业能力的认识由模糊走向精确。二是它的分析性和评估性功能，能够帮助人们对高职学生的创业能力和水平做出比较、联系、评价和权衡等，使人们对高职学生创业能力的认识与他们的创业实践需求直接联系起来。显然，运用指标体系了解高职学生创业能力和水平，是一项全面的认识过程，其信息的收集必须力求全面和准确。如何建立高职旅游专业学生创业能力评价指标系统，使得地方高校高职学生的创业能力评价既有成效又简单易行，是一个难度很大的问题。结合教育部颁布的《高职高专院校人才培养工作水平评估指标等级标准及内涵》确定的评价指标体系（见表 7–1，包括 7 项一级指标、15 项二级指标和 36 个观测点）。[5]

表 7–1　地方高校旅游管理专业创业能力评价指标体系

一级指标	二级指标	主要参考点	参考权重
1. 思想道德素质	1.1 政治素质	政治理想	0.25
		政治信念	0.25
		政治态度	0.25
		政治立场	0.25
	1.2 思想素质	思想认识	0.25
		思想觉悟	0.25
		思想方法	0.25
		价值观念	0.25
	1.3 道德素质	道德认识（道德修养和道德风貌）	0.5
		道德行为水平（道德情操和道德水平）	0.5
2. 文化素质	2.1 多元文化知识	西方文化知识	0.3
		东方文化知识	0.3
		综合文化知识	0.4
	2.2 社交礼仪修养	语言类礼仪	0.25
		身体语言类礼仪	0.25
		饰物类礼仪	0.25
		酒宴类礼仪	0.25
	2.3 语言文字能力	中文的文字表达能力	0.5
		英文的文字表达能力	0.5
	2.4 艺术鉴赏修养	音乐	0.25
		舞蹈	0.25
		戏曲	0.25
		影视鉴赏	0.25

续表

一级指标	二级指标	主要参考点	参考权重
3. 工学结合实践实习	3.1 实践教学基础设施	教学与辅助用房状况	0.2
		教学仪器与设备状况	0.5
		图书馆与校园网状况	0.2
		体育运动设施状况	0.1
	3.2 实践教学条件	校内实训条件	0.45
		校外实训基地	0.4
		职业技能鉴定	0.15
	3.3 职业能力训练	实践训练体系	0.5
		职业能力考核	0.5
4. 专业素质	4.1 专业知识	专业设置	0.3
		教学计划	0.4
		专业教学改革工作	0.3
	4.2 创业能力	学生参与创业实践活动	0.5
		学生掌握必备创业知识程度	0.2
		学生创业素质状况	0.3
	4.3 组织协调能力	组织能力	0.25
		授权能力	0.25
		冲突处理能力	0.25
		激励下属能力	0.25
	4.4 创新管理意识	整体意识与结构意识	0.25
		人本意识	0.25
		制度意识	0.25
		市场意识与竞争意识	0.25
	4.5 经营管理能力	企业战略实施及控制	—
		企业核心能力管理	—
		企业品牌战略	—
		企业人力资源战略管理	—
	4.6 快速学习能力	—	1
5. 科学素质	5.1 自然科学知识	—	1
	5.2 社会科学知识	—	1
	5.3 科学研究方法	—	1
	5.4 科学实践能力	专业实践能力	0.5
		创新创业实践能力	0.5
	5.5 新兴科学知识	知识产权	0.2
		快速远程教育	0.2
		生物科技、新型材料、航空航天、微电子技术、基因工程	0.6
6. 身心素质	6.1 身心健康素质	身体健康	0.6
		心理健康	0.2
		社会适应力	0.2
	6.2 身心发展修养	身心修养	0.5
		社会健康（社会活动能力）	0.5
7. 特殊或创新项目	—	—	1

第三节　基于 CDIO 理念的“CC-SS-KAQ”创业型人才培养模式的构建

构建创业型人才培养模式，必须转变教育观念，坚持以就业为导向，培养大学生的创业精神，提高大学生的创新能力，力求“两结合，两阶段，知识、能力、素质三位一体”创业型人才培养模式。所谓“两结合”，即校企结合，学校教学为第一课堂，企业实习是第二课堂，培养创业型人才，进行创业教育，既要发挥课堂教学主渠道的作用，向学生传授知识，开发学生的智力，又要充分利用第二课堂，开展多种形式的创业教育实践活动。校企的有机结合能促使学生的知识、能力与素质都得到相应的提高。所谓“两阶段”，就是先进行普及创业教育，通过创业实践环节提高学生解决实际问题的能力，再实行创业精英教育，为有志于自主创业的学生设立专门的创业培训和辅导机构，尤其是鼓励学生参与企业实习环节。知识是基础，能力是关键，素质是核心，要坚持融知识传授、能力培养、素质提高为一个整体，促使学生全面、协调和可持续发展。

一、调整课程体系结构

从 CDIO 理念来讲，应该从知识、素质及能力三个方面对人才进行培养。所以对于旅游管理创业型人才的培养要把培养目标和人才所需的知识结构进行有效的结合，在课程设置上应该“厚基础理论、重实际应用”，进一步提高人才的职业素养。课程设置一般都从基础理论课程、技术实践课程以及公共选修课程的完善着手。根据创业型人才的需求，遵照“厚基础、宽口径、重应用”的基本原则，可将相关课程划分为基础课程模块、专业课程模块以及实践课程模块三部分。基础课程模块主要侧重于培养学生的文化素养和科学素养，专业课程模块则侧重于对学科研究方向的进一步研究，注重培养相关专业的素质及知识。在教学内容上，应注重各知识点的有机联系，将一些有代表性的实际行业系统作为学习的范例，将理论与实际应用紧密结合。[6]

二、基于项目开发的校企两个培养体系的结合教学

地方高校应与企业建立长期的校企合作关系，从企业中承接一部分项目的研究与开发，使所承担的项目来源于行业实际需求，有着真实的开发应用背景。同时，也使学校的教师具有很强的实践经验并易于解决一定的行业技术难题。而教师在项目开发设计中就能积累丰富的科学研究经验，有较强的实践能力，这些条件都为开展基于项目开发的两结合教学打下坚实的基础。CDIO 培养模式就是通过项目的设计将校企两个培养体系有机而系统地结合起来的，所有需要学习和掌握的内容都围绕项目这个核心。在教学实践中，教师可以采取选择一个实际项目为对象，从项目的构思—设计—实施—运作上进行分析，让学生通过校企合作来完成项目设计、项目实践和项目的总结报告。[7]

三、普及创业教育和创业精英教育并重的理念

创业教育应坚持普及创业教育和创业精英教育并重的教育理念，揭示创业的一般规律，传承创业的基本原理和方法，其最终目标都是培养受教育者的创业意识、创业心理品质和创业能力，以适应社会的变革。因此，我们不能把创业教育单纯地理解为教导大学生创业知识学习和创业活动的训练，而应该深入企业，并通过一系列的顶岗实习活动，通过将创业教育与专业教育、创业教育和素质教育相结合，培养大学生敢于创新和勇于创业的精神，同时又使他们具备较强的适应能力和开拓能力，让他们能在复杂多变的环境下寻求发展的机会。[8]

总之，基于 CDIO 理念的“两结合，两阶段，知识、能力、素质三位一体”创业型人才培养模式为旅游管理专业创业型人才的培养提供了一种全新的教学方法和思路，把实践教育融入创业人才培养的全过程，从学生的基础专业知识教育开始抓起，将专业教学、实训实习，以及相应的学科竞赛进

行有机结合，形成了一个整体、全方位、多层次的人才培养体系，大大提高学生素质，并为学生在毕业后的创业活动提供保障。[9]

第四节　实施“CC–SS–KAQ”创业型人才培养模式的着力点

一、注重创业能力培养的全方位和适应性

创业能力培养倡导全方位的、综合的“素质”战略，即要做到博学与专长、学习与信仰、个性与社会、为学与做人的统一。这种新的综合与统一，将以更高的标准在大教育、大文化背景下提高全民族的科教思想道德观念、民主法制意识和科学文化水平，从而推动基础教育的改革、国民思想的解放和文化意识的觉醒，重建全民族的科教意识和人文精神。[10]

二、注重创业能力培养的时代性

就业和创业是目前高职教育发展中的热点和难点，创业能力培养这一战略工程的提出，正是顺应这一时代的召唤，大力提升高职学生的创业“能力”教育。通过基础理论教育以增进其思考能力；通过社会实践教育以增进其应变能力；通过专业技术教育以增进其操作能力；通过新学科、新思维教育以增进其创造能力，造就一大批旅游产业“能人”，这是高职知识教育走向创业教育的时代要求。

三、注重创业能力培养的综合性

一个成功的旅游企业管理者必须具备知识、能力和素质等各方面的综合能力，但这一综合的能力和素质是通过一定的实践和锻炼才能达到的。因此，从学生入学到毕业的这一培养过程中，必须系统地、逐步地实施各项培养方案，从最基本的能力和素质点的培养入手，配合思想教育、政治

教育、专业教育、社会知识文化教育及实践训练等环节，达到最终的创业能力培养的目标。[11]

四、优化旅游管理专业创业人才培养的基本能力和素质点结构

旅游管理专业人才的综合能力与素质结构的优化目标的实现，必须从学生最基本的能力和素质点的各个方面来实施培养，即结合各方面的教学和实践进行基本能力训练和基本素质的培养。由于基本的能力和素质点包括自学能力、操作能力、创造性思维能力、适应能力、社交能力、写作能力、组织能力、口头表达能力、应变能力、攻关能力、理解能力、科研能力、观察能力和管理能力等很多方面，而各个方面的能力和素质对最终目标的实现的作用大小是不同的，其中最重要的基本点是组织能力、管理能力、创造性思维能力、攻关能力、应变能力、社交能力、口头表达能力、自学能力、理解能力、观察能力、操作能力、适应能力、写作能力和科研能力等。这些基本能力和素质点与专业培养、政治教育和思想道德教育相结合，通过各个培养方案及各项具体措施的实施，经过三年全方位、多层次的训练，最终实现培养目标，达到一个优秀旅游管理类专业人才所应具备的综合能力和素质水平。

五、教学方法的创新研究

教学方法和教学手段的改革，是实现培养目标的途径。

（1）以学生为中心。培养应用型人才就要改进以教师为中心的教学模式，采取教师指导下的以学生为中心的探究式教学模式，重点放在学生基础能力的形成方面，培养学生学习的主动性和对知识信息的分析及综合运用能力。

（2）推行班导师制。一般本科阶段前三年都没有专门的教师进行指导，只是在毕业设计环节才有导师，这种模式不适合学生专业能力的培养。而

实行班导师制可以使学生从入学就有导师指导，能提前明确自己的专业方向，更好地培养自己的专业能力。

（3）坚持案例教学。管理类课程中案例教学非常重要，传统的教学方法属于书本知识的灌输，教师教得辛苦，学生学得乏味。通过案例将枯燥的理论形象化，通过案例讨论促使学生积极思考，给学生提供自我表现的时间和空间，从而提高学生分析问题、解决问题的能力。

（4）开展团队教学。团队教学就是由一两名或者更多教师共同参与的同一课程的教学，这些教师本身都具有相关专业的工作经验并各有所长，因而能给学生更实际、更丰富的知识。

（5）鼓励基于问题的学习模式和网络学习。基于问题的学习方式可以锻炼学生分析问题、解决问题的能力，也是一种较好的参与式学习方法。而网络学习既可以拓宽学生的学习渠道，又可以丰富学生获取资料的手段。

总之，培养应用型人才的旅游管理专业必须从社会的需要出发，不仅要培养学生掌握基本的管理学科理论知识，更要注重培养其用理论指导实践，并应用于实践的能力。因此，必须在对培养目标重新定位的前提下，改革课程体系，改革教学方法，使得培养的学生将来能更好地适应社会的需要，同时也能实现其人生价值。

注释

[1]腾英才，胡泽耀.美国创业教育对我们的启示[J].辽宁行政学院学报，2003（2）：93.

[2]徐新华.构建具有区域经济特色的大学生创业教育体系[J].中国高教研究，2008（2）：65.

[3]罗劲松，叶彬强，王毅.重庆工学院大学生创业意识调查研究[J]，广西青年干部学院学报，2008（7）：15.

[4]郭宏群.高职创业教育新探索——以湖南工贸职业技术学院创业教育实践为例[J].湖南工贸职业技术学院学报，2009（9）：6.

[5]吴金秋.创业教育的目标与功能[J].黑龙江高教研究，2004（11）：

100.
[6] 张蕾 . 我国大学生创业政策分析 [J]. 中国大学生就业，2008（22）：18.
[7] 徐新华 . 构建具有区域经济特色的大学生创业教育体系 [J]. 中国高教研究，2008（2）：66.
[8] 沈蓓绊，刘明霞 . 美国地方高校创业教育特色分析 [J]. 教育发展研究，2010（5）：52.
[9] 朱礼龙 . 地方本科院校管理类专业应用型人才培养中的问题及其思考 [J]. 中国电力教育，2012（34）：26–27.
[10] 阎军印 . 高等院校学生能力的全方位多层次培养 [J]. 河北高教研究，1997.1.
[11] 阎军印，孙班军，郝英奇 . 一般院校工商管理类学科专业人才培养目标规格研究 [J]. 石家庄经济学院学报，2002（6）：648–650.

第八章　基于 TOPSIS 模型的湖南省高职院校创业教育质量评价体系的构建与研究

随着我国高职教育的迅猛发展，高职院校所培养的专科生质量也参差不齐，高职院校为规范高校专科创业教育教学的质量，使其培养的人才能够满足社会的需求，对专科院校实施了高校创业教育工作水平评价。然而，现行的高校创业教育质量评价指标体系还存在一定的缺陷，国内高校的分类和分级发展需求难以得到有效的满足。当前阶段，就应用模型方面而言，已经得到构建的创业教育评价指标体系有以下几种。2014 年，李玥等人[1]在 BSC 平衡积分卡的支撑下，围绕高校创业教育质量，进行了考评指标体系维度的确定，据此进行了考评指标体系的构建；2012 年，刘海滨等人[2]围绕大学生就业创业，进行了有关指标体系的构建，考虑了教师、学生、课程和环境等因素，其体系构建方法为 AHP，是一种层次分析方式；李集城（2012）[3]的研究借助 DEA 模型对教育质量进行了评价，该模型包含投入和产出两种指标；葛莉（2014）[4]的研究中构建的评价模型是基于 CIPP 的从概念、模型和功能三个方面建立的创业教育能力的评价框架；武冠蓉（2017）[5]引入了在环境系统中被广泛使用的 DPSIR 模型，围绕提升高校创业教育质量这一主题，进行了考评指标体系的构建。此类文献均以评价模型为根基，对有关指标进行筛选和运用，借此考评创业教育的质量，然而考评指标过于简单，指标相关性未被考虑在内。究其原因，在于所选模型在此方面的功能欠缺，然而在运用考评指标的时候，不同指标间存在着极强的相关性，在探索不足的情况下，理论将难以对实践产生有效的指引。本书对以上因素进行了综合考量后，以熵权 TOPSIS 模型为支撑，以高职院校为主体，围绕创业教育质量考评进行体系的构建，具体评判湖南创业教育质量，对评价理论进行强化，指导创业教育实践活动的开展和实施。[6]

考评高职教育质量涉及多个指标，评价指标具有极强的综合性，筛选和设置考评指标的时候，应该以创新创业教育活动的现实特征为依据，合理的指标设置对有效的评价结果具有直接性影响。与此同时，受评人员的认知能力、习惯偏好和知识储备等，对其指标得分会产生极大的影响，会影响评价结果的客观性、公正性。当前阶段，指标占比差异在很多研究中都得到了考虑，然而指标占比的确定通常都是以专家的主观意愿为依据，客观性不强，有的方法尽管考虑到了客观权重，但计算方法太过复杂，难以理解。如 BP 神经网络便具备极强的代表性，运用范围相当有限。熵权法对权重的获取，主要以原始数据为依据，客观性有所保障，与此同时，横向和纵向对比能够在 TOPSIS 模型中轻松实现，且计算方式比较简单、浅显，运用范围相当广。[7]

第一节 基于 TOPSIS 模型建立创业教育评价体系

一、TOPSIS 模型的概念

（一）熵权法

考评高校教育质量的过程中，不同指标占比存在明显差异，在熵权法辅助下，对指标权重进行确定。该计算方法根据指标间偏差程度得到信息熵，用来核算指标熵，在熵权支撑下，对不同指标占比进行明确。此种方式能够将隐性数据信息直观地展现出来，对指标的认知更明确，掌握更加全面的指标信息。熵权与指标熵之间呈负相关，即指标熵越小熵权越大，该指标越重要，反之亦然。

（二）TOPSIS 模型

建模过程中对 TOPSIS 排序方式进行了运用，此方法过于理想化，在多属性分析中经常会用到。在系统工程内，此决策技术的运用频次相当高，对受评对象的优劣顺序进行排列的时候，通常以受评对象和评价指标间的距离为依据，借助于对最优 / 最劣解目标偏离水平的计算，对教育质量进行考评，能够将高校现实的创新创业教育状况客观全面地展现出来。

二、基于 TOPSIS 模型重新界定创业教育概念

本章对创业教育质量进行考评的时候运用了 TOPSIS 模型，首先对创业教育的定义进行了理解和把握。纵观国内的有关研究，在作者看来，社会经济发展的过程中，必然会产生创业教育，此种教育活动指的是以高校为主体，开设有关课程，组织实践活动，以此来影响学生的创业理论和实践。鉴于创业教育逐步得到了国内高校的重点关注，且得到了有效的推广普及，整体来讲，其理论已有一定的基础，在教学实践中也取得了一定的成果，但至今还没有出台一套规范的评价指标体系供各高校使用。本章在基于熵权法确定指标权重的基础上构建 TOPSIS 模型的创业教育评价指标，希望此项工作能为高职院校的创业教育质量评价体系的建立提供有效依据。[8]

第二节　指标的选取与计算步骤

一、指标选取

指标选取，要兼顾两个方面，一方面看指标体系能否体现出创业教育

发展状态及可持续性特点，另一方面要看指标是否具备明确的概念和较强的可操作性。若为定量指标，则看是否可度量；若为定性指标，则评判模糊度量能否实现。政府、高校和社会组织等，都是创业教育的参与主体，社会需求、师资配备和教育教学等，都是其题中之义，受到了多种因素的影响。本书对国内外与创业教育有关的研究进行了搜集整理，以高职院校为主体，对创业教育考评指标体系进行了构建。整个体系中，一级指标有4个，二级指标有20个，由表8–1可以看到这些指标明细。

表 8–1　指标明细信息

一级指标	二级指标	代号
高校环境	创业社团占校园总社团的比率	X_1
	创业比赛占校园比赛开展率	X_2
	学校与企业的合作率	X_3
	获创业经费学生占申报创业经费学生总数的比率	X_4
教学设计	创业核心课程开设率	X_5
	实践课程的学时设置率	X_6
	创业知识的渗透程度（百分比）	X_7
师资力量	有创业经历教师比率	X_8
	教师对于创业相关知识的掌握率	X_9
	学生对教师授课的满意率	X_{10}
	博士学位比率	X_{11}
	教师申请国家级课题比率	X_{12}
	教师发表高水平论文比率	X_{13}
学生表现	学生创新成果的增加率	X_{14}
	参与创业教育后学生创业增加率	X_{15}
	学生创业知识掌握率	X_{16}
	创业课程学生出勤率	X_{17}
	参加创新性科研及其实践活动的学生的增加率	X_{18}
	学生创业成功率	X_{19}
	学生一次就业增加率	X_{20}

二、模型构建的步骤

（一）构建标准化评价矩阵

设现有 m 个评价指标，n 个待评对象，构建初始评价矩阵 $\boldsymbol{X}=(x_{ij})_{m\times n}$。

$$\boldsymbol{X}=\begin{bmatrix} X_{11} & X_{12} & \cdots & X_{1n} \\ X_{21} & X_{22} & \cdots & X_{2n} \\ \vdots & \vdots & & \vdots \\ X_{m1} & X_{m2} & \cdots & X_{mn} \end{bmatrix} \tag{8-1}$$

其中，x_{ij} 为第 i 个评价指标下第 j 个待评对象的评价值。

如果评价指标为收益型（收益越大越好），则

$$r_{ij}=\frac{x_{ij}}{\sqrt{\sum_{i=1}^{n} x^2_{ij}}} \tag{8-2}$$

如果评价指标为成本型（成本越少越好），则

$$r_{ij}=\frac{\frac{1}{x_{ij}}}{\sqrt{\sum_{i=1}^{n}\left(\frac{1}{x_{ij}}\right)^2}} \tag{8-3}$$

将矩阵 $\boldsymbol{X}$ 代入式（8–2）与式（8–3）完成归一化处理后可得标准化矩阵 $\boldsymbol{R}$。

$$\boldsymbol{R}=\begin{Bmatrix} r_{11}\omega_1 & r_{12}\omega_2 & \cdots & r_{1n}\omega_n \\ r_{21}\omega_1 & r_{22}\omega_2 & \cdots & r_{2n}\omega_n \\ \cdots & \cdots & & \cdots \\ r_{m1}\omega_1 & r_{m2}\omega_2 & \cdots & r_{mn}\omega_n \end{Bmatrix}$$

（二）确定指标权重

借助熵权法，充分考虑指标 X_i 的差异程度，从客观的角度突出其重要性。指标权重计算公式如式（8–4）所示。

$$\omega_i=\frac{1-H_i}{m-\sum_{i=1}^{n} H_i} \tag{8-4}$$

其中，$H_i=-\frac{1}{\ln n}\sum_{i=1}^{m} f_{ij}\ln f_{ij}$ 为信息熵；$f_{ij}=\frac{r_{ij}}{\sum_{i=1}^{m} r_{ij}}$，为指标的特征比重；ln1=0。

（三）构建基于熵权的评价矩阵

通过式（8–4），能够对不同评价指标占比 $\omega_i=[\omega_1, \omega_2, \cdots\omega_m]^T$ 进行获取，就此得出加权矩阵 $\boldsymbol{C}=(c_{ij})_{m\times n}$。

（四）为各参评对象排序

通过正理想解来表示最优解，负理想解表示最劣解，其中正理想解对应于各指标的最大值集合，负理想解对应于各指标的最小值集合。正理想解计算公式为 $X^+_j=\max_i C_{ij}$，负理想解计算公式为 $X^-_j=\min_i C_{ij}$，其中，$j=1, 2, \cdots, m$。

假定各参评对象与正理想解之间的距离为 d^+_i，与负理想解之间的距离为 d^-_i。其中，

$$d^+_i=\sqrt{\sum_{i=1}^{n}(d^+_{ij})^2}=\sqrt{\sum_{i=1}^{n}(d^-_{ij})^2}$$ 而 $d^+_{ij}=X^+_j-C_{ij}$，$d^-_{ij}=X^-_j-C_{ij}$

对方案和理想解距离（贴近度）进行计算，即 $d_i=d^-_i/(d^-_i+d^+_i)$，$1\leqslant i\leqslant n$。较大的贴近度意味着此参评对象与理想解拥有极高的贴近度，即非常贴近理想解。就此而言，根据贴近度的高低能够对不同参评对象进行优劣排序。

本章以湖南省五所高职院校（分别以 A_1、A_2、A_3、A_4、A_5 指代）为研究对象，由表 8–2 可以看到具体的高校名称。从高职院校现实情况出发，由湖南省五名创业教育专业人士确定表 8–1 评价指标的数值，以［0，1］为数值确定依据，取小数点后两位，在算术平均法的支撑下，对五所高职院校的不同指标初始值进行整理核算，由式（8–1）可将表 8–2 绘制出来。

表 8–2　湖南省五所高职院校创业教育考评指标数值

指标	A_1	A_2	A_3	A_4	A_5
X_1	0.50	0.20	0.15	0.20	0.30
X_2	0.60	0.20	0.10	0.30	0.50
X_3	0.50	0.40	0.20	0.40	0.50
X_4	0.80	0.50	0.40	0.30	0.70
X_5	0.90	0.70	0.60	0.70	0.90
X_6	0.85	0.50	0.40	0.80	0.80
X_7	0.80	0.70	0.70	0.60	0.80
X_8	0.70	0.40	0.30	0.30	0.60
X_9	0.90	0.85	0.85	0.80	0.90

续表

指标	A_1	A_2	A_3	A_4	A_5
X_{10}	1.00	0.90	0.70	0.70	1.00
X_{11}	0.60	0.40	0.30	0.35	0.55
X_{12}	0.80	0.50	0.40	0.40	0.65
X_{13}	0.85	0.70	0.55	0.65	0.85
X_{14}	0.70	0.35	0.20	0.15	0.60
X_{15}	0.45	0.60	0.40	0.35	0.45
X_{16}	0.90	0.75	0.75	0.70	0.90
X_{17}	0.90	0.85	0.80	0.80	0.95
X_{18}	0.65	0.55	0.45	0.40	0.50
X_{19}	0.30	0.20	0.10	0.15	0.20
X_{20}	0.35	0.40	0.35	0.30	0.35

根据式（8–2）和式（8–3）统一处理原始数据，借助式（8–4）对不同的指标权重进行计算，具体见表 8–3。

表 8–3　评价指标权重

指标	X_1	X_2	X_3	X_4	X_5	X_6	X_7	X_8	X_9	X_{10}
权重	0.109 0	0.176 4	0.047 2	0.066 8	0.014 1	0.044 5	0.006 1	0.068 8	0.001 1	0.014 2
指标	X_{11}	X_{12}	X_{13}	X_{14}	X_{15}	X_{16}	X_{17}	X_{18}	X_{19}	X_{20}
权重	0.074 2	0.043 1	0.051 5	0.169 2	0.016 8	0.006 1	0.002 5	0.015 5	0.068 1	0.004 9

利用标准化矩阵 $\boldsymbol{R}$ 和表 8–3 得到的评价指标权重得出加权值 C，见表 8–4。

表 8–4　湖南五所高校高职院校创业教育评价指标的加权值

代号	A_1	A_2	A_3	A_4	A_5
X_1	0.081 9	0.032 8	0.024 6	0.032 8	0.049 2
X_2	0.122 2	0.040 7	0.020 4	0.061 1	0.101 8
X_3	0.025 4	0.020 4	0.010 2	0.020 4	0.025 4
X_4	0.041 9	0.026 2	0.020 9	0.015 7	0.036 6
X_5	0.007 4	0.005 7	0.004 9	0.005 7	0.007 4
X_6	0.024 4	0.014 3	0.011 5	0.022 9	0.022 9
X_7	0.003 0	0.002 6	0.002 6	0.002 3	0.003 0
X_8	0.044 1	0.025 2	0.018 9	0.018 9	0.037 8
X_9	0.000 5	0.000 5	0.000 5	0.000 5	0.000 5
X_{10}	0.007 3	0.006 6	0.005 1	0.005 1	0.007 3
X_{11}	0.042 7	0.028 5	0.021 3	0.024 9	0.039 1
X_{12}	0.027 0	0.016 9	0.013 5	0.013 5	0.021 9
X_{13}	0.026 8	0.022 1	0.018 5	0.020 5	0.026 8
X_{14}	0.116 4	0.058 2	0.033 3	0.024 9	0.099 8
X_{15}	0.008 2	0.010 9	0.007 3	0.006 4	0.008 2
X_{16}	0.003 1	0.002 5	0.002 5	0.002 4	0.003 1
X_{17}	0.001 2	0.001 1	0.001 0	0.001 0	0.001 2
X_{18}	0.008 7	0.007 4	0.006 0	0.005 4	0.006 7
X_{19}	0.045 4	0.030 3	0.015 1	0.022 7	0.030 3
X_{20}	0.002 2	0.002 5	0.002 2	0.001 9	0.002 2

根据公式计算正、负理想解，并计算 5 个被评价对象距离正、负理想解的差异，详情可参看表 8–5。

表 8–5　五所高职院校创业教育质量和正、负理想解的差异

指标	A_1	A_2	A_3	A_4	A_5
d_i^+	0.002 7	0.117 2	0.154 0	0.130 2	0.046 0
d_i^-	0.159 4	0.046 7	0.009 9	0.045 1	0.121 3

计算五所高职院校创业教育质量与理想解的贴近度得到，

d_1=0.983 1，d_2=0.285 0，d_3=0.060 4，d_4=0.257 3，d_5=0.725 1

排序为 $d_1 > d_5 > d_2 > d_4 > d_3$

在综合评判五所高职院校后发现，高职院校 A_1 拥有最佳的创业教育品质，高职院校 A_3 拥有较差的创业教育品质。

总之，本章以 TOPSIS 模型为指引，为创业教育考评指标体系在国内的构建进行了指标筛选方面的探索。开展后续研究的时候，借助问卷调研的方式，深入探究指标信度和效度，帮助高校对创业教育进行规范，让创业教育变得更加有效。

注释

［1］李玥，王宏起．基于 BSC 的高校创业教育质量评估指标体系设计［J］．科学与管理，2014（16）：53–57.

［2］刘海滨，杨颖秀，陈雷．基于 AHP 的大学生就业创业教育评价指标体系构建［J］．东北师大学报（哲学社会科学版），2012（6）：227–232.

［3］李集城．基于效率视角的创业教育质量评价体系研究［J］．科技管理研究，2012（15）：145–149.

［4］葛莉．基于 CIPP 的高校创业教育能力评价与提升策略研究［D］．大连：大连理工大学，2014.

［5］武冠蓉．基于 DPSIR 模型的高校创业教育质量评价指标选取的研究［J］．山西高等学校社会科学学报，2017（12）：81–83.

[6] 颜建军．高校教学质量评价体系构建研究［J］．湖南商学院学报，2015，22（2）：25-27.

[7] 杨卫平．高校经济类专业实践教学质量评价体系的构建研究［J］．高教学刊，2015（11）：18-19.

[8] 郑永，陈艳．基于 BP 神经网络的高校教师教学质量评价模型［J］．重庆理工大学学报（自然科学版），2015，29（1）：85-90.

第九章　基于 AHP 的湖南省高等职业院校创业教育质量综合评价体系的构建与研究

“双创教育”“供给侧改革”概念的提出，标志着我国高等职业教育在经历大规模快速发展后已经进入质量全面提升的阶段，从规模建设走向了内涵式发展道路，质量保障已经成为我国高等职业教育发展的主题。创业教育的本质就是在供给侧方面构建生态化的创业体系，开展创业教育体系的供给侧改革的核心就是提升创新创业教育质量并协调它与教学实践效果之间的关系。如何在扩大我国高等职业教育规模的同时，保证高等职业教育质量的持续提升成为人们关注的现实问题。高等职业教育质量评价是实现高等职业教育可持续发展的基础性研究工作，具有重要的理论与现实意义[1]。

湖南省位于长江中游，省境绝大部分在洞庭湖以南，地处东经 108° 47' —114° 15'，北纬 24° 38' —30° 08' 之间。2018 年地区生产总值 36 425.78 亿元，现有土地总面积 211 829 km^2，占全国土地总面积的 2.21%，在全国各省市区中居第 10 位。湖南省是教育大省，2018 年全省有普通高校 109 所，在校大学生 132.7 万人，本、专科毕业生 34.8 万人，就业率为 88.05%，低于全国平均水平（91.15%）约 3 个百分点，大学生就业创业能力有待提升。针对湖南省高等职业教育的区域特征，建立湖南省高等职业教育质量的综合评价指标体系以及评价数学模型，为防止高等职业教育质量下降。实现高等职业教育的科学管理与决策提供依据。

第一节　湖南省高职院校创业教育质量综合评价模型的建立

高等职业教育系统是一个多因素的复杂系统，大学生创业就业状况变化是由其中一种因素或多种因素共同作用的结果。在影响高职院校创业教育质量的诸多因素中，人为因素属于主观、可控因素；而内在的客观因素具有随机性，并受到人为因素的诱导。高职院校创业教育质量的提升具有两面性，既然人类能够遵循高等职业教育系统的内在发展规律并发挥主观创造性，就能够将不利的客观因素变成有利因素。本章运用的 AHP 分析法和模糊数学实质上是根据各评价指标数值的变异程度反映的信息量的大小确定权数的一种客观赋值法，指标对综合评价的影响越大，则权重越大，指标离散程度越大则熵值越小，反之亦然。[2] 本章以 A 高职学院创业教育管理能力为研究对象进行分析，以期为提升高等职业院校创业教育管理工作的水平提供依据。

一、高职院校创业教育质量评价指标体系的确定

与高职院校创业教育相关的因素很多，指标体系中不可能包括所有指标，而要选择具有代表性、独立性强的指标进行监测，客观、科学地进行评价。本章一方面借鉴相关的高职院校创业教育评价的研究资料，另一方面又紧密结合湖南省高职教育的区域特征，确定湖南省高职院校创业教育评价的指标体系。由于不同指标对高职院校创业教育质量的影响程度不同，为确保指标权重的科学性，本章在黑龙江八一农垦大学理学院的朱桂英、袁玉萍、何东、丁艳清、于辉（2018）提出的高等职业院校双创教育业绩

评估指标体系的基础上[3]，结合当前高等职业院校双创教育的发展状况，构建由数量指标体系、管理指标体系和质量指标体系三部分组成的高等职业院校双创教育能力综合评价指标体系，并通过问卷调查和专家打分法确定最终的指标体系，包含一级指标 9 项，二级指标 29 项，形成如表 9–1 所示的指标体系。

表 9–1　高等职业院校创业教育质量综合评价指标体系

目标层（A）	准则层（B）	指标层（C）
高等职业院校创业教育质量综合评价指标	办学影响力指标（B_1）	综合影响力（C_{11}）
		满意度（C_{12}）
		重大工作推进情况（C_{13}）
	办学能力指标（B_2）	学校竞争力（C_{21}）
		资源获取力（C_{22}）
		国际化水平（C_{23}）
	关键举措（B_3）	学科专业建设（C_{31}）
		学生学业发展（C_{32}）
		人才引进与培育（C_{34}）
	创业教育管理制度（B_4）	发展目标与杠杆（C_{41}）
		管理队伍建设（C_{42}）
		学校战略规划执行情况（C_{43}）
		双创教育专项经费（C_{44}）
		双创教育质量保障管理制度（C_{45}）
	课程体系（B_5）	核心课程开设率（C_{51}）
		跨学科课程开设率（C_{52}）
		实践类课程所占比例（C_{53}）
	双创教育宣传教育（B_6）	双创教育培训（C_{61}）
		双创教育宣传周活动（C_{62}）
		大学生双创教育远程教育（C_{63}）
	创业教育管理机构（B_7）	专门管理机构（C_{31}）
		管理队伍（C_{32}）
		学校主管领导（C_{34}）
	双创教育激励措施（B_8）	创客平台建设的激励（C_{81}）
		发表论文的激励（C_{82}）
		双创教育业绩与双创教育管理人员考核的关联（C_{83}）
	科研能力（B_9）	R&D 经费投入（C_{91}）
		科研人员占比（C_{92}）
		每 100 人的高水平论文数量（C_{93}）

二、创业教育质量综合评价的数学模型

（1）数据无量纲化。由于指标的量纲不同，为了消除因量纲单位不

同而产生的影响，对数据进行无量纲化处理，处理方法见式（9–1）。

$$p_{ij}^{(1)}=\frac{p_{ij}-\min(p_{ij})}{\max(p_{ij})-\min(p_{ij})} \tag{9–1}$$

其中，p_{ij} 代表第 j 个评价对象的第 i 个评价指标数值；$p_{ij}^{(1)}$ 代表无量纲化的指标评价数值。

（2）指标正向化。在多指标综合评价中，有些指标的指标值越大评价越好，称为正向指标（也称效益型指标或望大型指标）；有些指标的指标值越小评价越好，称为逆向指标。

在综合评价时，首先必须将指标同趋势化，一般是将逆向指标和适度指标转化为正向指标，所以也称为指标的正向化，处理方法见式（9–2）。

$$p_{ij}^{(2)}=\begin{cases}p_{ij}^{(2)}, & p_{ij}^{(1)}\text{为正向指标}\\ -p_{ij}^{(1)}, & p_{ij}^{(1)}\text{为逆向指标}\end{cases} \tag{9–2}$$

（3）建立评价数学模型。层次分析法（analytic qualitative and quantitative hierarchy process，AHP）作为一种结合定性分析方法与定量分析方法的综合性评价方法，在多个领域得到广泛应用。本章借用层次分析法建立土地健康评价数学模型，见式 9–3。

$$H_j=\sum_{i=1}^{n} w_i p_{ij}^{(2)}，j=1，2，\cdots，m \tag{9–3}$$

其中，H_j 代表第 j 个对象的土地资源健康状况评价值。

三、构建判断矩阵

结合表 9–1 的指标体系，邀请多位创业教育的管理人员和相关专家依据 Saatty（1980）提出的 1~9 标度法给各因素的重要性进行量化打分。[4] 总目标为 A，一级指标为准则层 B，比较各准则 B_1，B_2，⋯，B_9 对总目标 A 的重要性形成判断矩阵如表 9–2 所示。

表 9-2　一级指标判断矩阵 $A-B$

高等职业院校创业教育质量综合评价指标（A）	办学影响力指标（B_1）	办学能力指标（B_2）	关键举措（B_3）	创业教育管理制度（B_4）	课程体系（B_5）	双创教育宣传与教育（B_6）	创业教育管理机构（B_7）	双创教育激励措施（B_8）	科研能力（B_9）
办学影响力指标（B_1）	1	1/2	1/4	1/3	1/3	3	2	2	1/4
办学能力指标（B_2）	2	1	1/3	1/2	1/2	4	3	3	1/4
关键举措（B_3）	4	3	1	2	2	5	4	4	1/6
创业教育管理制度（B_4）	3	2	1/2	1	1	5	4	4	1/5
课程体系（B_5）	3	2	1/2	1	1	5	4	4	1/5
双创教育宣传与教育（B_6）	1/3	1/4	1/5	1/5	1/5	1	1/2	1/2	1/7
创业教育管理机构（B_7）	1/2	1/3	1/4	1/4	1/4	2	1	1	1/3
双创教育激励措施（B_8）	1/2	1/3	1/4	1/4	1/4	2	1	1	1/3
科研能力（B_9）	4	4	6	5	5	7	3	3	1

类似地，指标层为 C_{ij}（$i=1$，2，…，9；$j=1$，2，…，6），比较各准则 B_1，B_2，…，B_9 下的指标 C_{ij} 对于上一级准则 B_i 的重要性，形成二级指标判断矩阵，见表 9-3 ～表 9-11。

表 9-3　二级指标判断矩阵 B_1-C_{1j}

办学影响力指标（B_1）	综合影响力 C_{11}	满意度 C_{12}	重大工作推进情况 C_{13}
综合影响力 C_{11}	1	1/3	1/2
满意度 C_{12}	3	1	2
重大工作推进情况 C_{13}	2	1/2	1

表 9-4　二级指标判断矩阵 B_2-C_{2j}

办学能力指标（B_2）	学校竞争力 C_{21}	资源获取力 C_{22}	国际化水平 C_{23}
学校竞争力 C_{21}	1	1/3	1/2
资源获取力 C_{22}	3	1	2
国际化水平 C_{23}	2	1/2	1

表 9-5　二级指标判断矩阵 B_3–C_{3j}

办学能力指标（B_3）	学校竞争力 C_{31}	资源获取力 C_{32}	国际化水平 C_{33}
学校竞争力 C_{31}	1	3	2
资源获取力 C_{32}	1/3	1	1/2
国际化水平 C_{33}	1/2	2	1

表 9-6　二级指标判断矩阵 B_4–C_{4j}

创业教育管理制度（B_4）	发展目标与杠杆（C_{41}）	管理队伍建设（C_{42}）	学校战略规划执行情况（C_{43}）	双创教育专项经费（C_{44}）	双创教育质量保障管理制度（C_{45}）
发展目标与杠杆（C_{41}）	1	1/3	1/2	1/4	2
管理队伍建设（C_{42}）	3	1	2	1/2	4
学校战略规划执行情况（C_{43}）	2	1/2	1	1/3	3
双创教育专项经费（C_{44}）	4	2	3	1	5
双创教育质量保障管理制度（C_{45}）	1/2	1/4	1/3	1/5	1

表 9-7　二级指标判断矩阵 B_5–C_{5j}

课程体系（B_5）	核心课程开出率（C_{51}）	跨学科课程开设率（C_{52}）	实践类课程所占比例（C_{53}）
核心课程开出率（C_{51}）	1	3	1/3
跨学科课程开设率（C_{52}）	1/3	1	1/5
实践类课程所占比例（C_{53}）	3	5	1

表 9-8　二级指标判断矩阵 B_6–C_{6j}

双创教育宣传与教育（B_6）	双创教育培训（C_{61}）	双创教育宣传周活动（C_{62}）	大学生双创教育远程教育（C_{63}）
双创教育培训（C_{61}）	1	2	3
双创教育宣传周活动（C_{62}）	1/2	1	2
大学生双创教育远程教育（C_{63}）	1/3	1/2	1

表 9-9　二级指标判断矩阵 B_7-C_{7j}

创业教育管理机构（B_7）	专门管理机构（C_{71}）	管理队伍（C_{72}）	学校主管领导（C_{73}）
专门管理机构（C_{71}）	1	1/2	1/3
管理队伍（C_{72}）	2	1	1/2
学校主管领导（C_{73}）	3	2	1

表 9-10　二级指标判断矩阵 B_8-C_{8j}

双创教育激励措施（B_8）	创客平台建设的激励（C_{81}）	发表论文的激励（C_{82}）	双创教育业绩与双创教育管理人员考核的关联（C_{83}）
创客平台建设的激励（C_{81}）	1	1/2	3
发表论文的激励（C_{82}）	2	1	5
双创教育业绩与双创教育管理人员考核的关联（C_{83}）	1/3	1/5	1

表 9-11　二级指标判断矩阵 B_9-C_{9j}

科研能力（B_9）	R&D 经费投入（C_{91}）	科研人员占比（C_{92}）	每 100 人的高水平论文数量（C_{93}）
R&D 经费投入（C_{91}）	1	3	1/3
科研人员占比（C_{92}）	1/3	1	1/5
每 100 人的高水平论文数量（C_{93}）	3	5	1

四、层次单排序及一致性检验

运用 MATLAB 计算判断矩阵的最大特征根 λ_{max}、归一化权向量 W、一致性指标 CI，并查表确定随机一致性指标 RI，定义[5]

$$CR=\frac{CI}{RI}$$

计算结果如表 9-12 所示。

表 9-12　判断矩阵最大特征根 λ_{max}、权向量 W 及 CI、CR 值表

判断矩阵	λ_{max}	归一化的特征向量 W	CI	RI	CR
$A-B_i$	9.816 2	{0.055 1，0.081 1，0.164 2，0.118 9，0.118 9，0.023 9，0.041 1，0.041 1，0.355 5}^{T}	0.102 0	1.45	0.070 4
B_1-C_{1i}	3.009 2	{0.163 4，0.539 6，0.297 0}^{T}	0.004 6	0.58	0.007 9

续表

判断矩阵	λ_{max}	归一化的特征向量 W	CI	RI	CR
B_2-C_{2i}	3.009 2	$\{0.163\,4，0.539\,6，0.297\,0\}^T$	0.004 6	0.58	0.007 9
B_3-C_{3i}	3.009 2	$\{0.539\,6，0.163\,4，0.297\,0\}^T$	0.004 6	0.58	0.007 9
B_4-C_{4i}	5.068 1	$\{0.097\,2，0.262\,5，0.160\,0，0.418\,5，0.061\,8\}^T$	0.017 0	1.12	0.015 2
B_5-C_{5i}	3.038 5	$\{0.258\,3，0.104\,7，0.637\,0\}^T$	0.019 2	0.58	0.033 2
B_6-C_{6i}	3.009 2	$\{0.539\,6，0.297\,0，0.163\,4\}^T$	0.004 6	0.58	0.007 9
B_7-C_{7i}	3.009 2	$\{0.163\,4，0.297\,0，0.539\,6\}^T$	0.004 6	0.58	0.007 9
B_8-C_{8i}	3.003 7	$\{0.309\,0，0.581\,6，0.109\,5\}^T$	0.001 9	0.58	0.003 2
B_9-C_{9i}	3.038 5	$\{0.258\,3，0.104\,7，0.637\,0\}^T$	0.019 2	0.58	0.033 2

综上，以上 10 个判断矩阵的一致性比率 CR $<$ 0.1，层次单排序的权向量 W 符合实际应用的需要。

五、层次总排序及一致性检验

运用 MATLAB 软件计算层次总排序的 CR=0.0200 $<$ 0.1，故层次总排序通过一致性检验。因而，能够以此确立高等职业院校创业教育质量综合评价指标体系的权重。[6]

表 9-13　高等职业院校创业教育质量综合评价指标体系的权重表

	一级指标		二级指标	
	因素	权重	因素	权重
高等职业院校创业教育质量综合评价指标	办学影响力指标（B_1）	0.055 1	综合影响力（C_{11}）	0.163 4
			满意度（C_{12}）	0.539 6
			重大工作推进情况（C_{13}）	0.297 0
	办学能力指标（B_2）	0.081 1	学校竞争力（C_{21}）	0.163 4
			资源获取力（C_{22}）	0.539 6
			国际化水平（C_{23}）	0.297 0
	关键举措（B_3）	0.164 2	学科专业建设（C_{31}）	0.539 6
			学生学业发展（C_{32}）	0.163 4
			人才引进与培育（C_{34}）	0.297 0
	创业教育管理制度（B_4）	0.118 9	发展目标与杠杆（C_{41}）	0.097 2
			管理队伍建设（C_{42}）	0.262 5
			学校战略规划执行情况（C_{43}）	0.160 0
			双创教育专项经费（C_{44}）	0.418 5
			双创教育质量保障管理制度（C_{45}）	0.061 8
	课程体系（B_5）	0.118 9	核心课程开出率（C_{51}）	0.258 3
			跨学科课程开设率（C_{52}）	0.104 7
			实践类课程所占比例（C_{53}）	0.637 0

续表

	一级指标		二级指标	
	因素	权重	因素	权重
高等职业院校创业教育质量综合评价指标	双创教育宣传与教育（B_6）	0.023 9	双创教育培训（C_{61}）	0.539 6
			双创教育宣传周活动（C_{62}）	0.297 0
			大学生双创教育远程教育（C_{63}）	0.163 4
	创业教育管理机构（B_7）	0.041 1	专门管理机构（C_{31}）	0.163 4
			管理队伍（C_{32}）	0.297 0
			学校主管领导（C_{34}）	0.539 6
	双创教育激励措施（B_8）	0.041 1	创客平台建设的激励（C_{81}）	0.309 0
			发表论文的激励（C_{82}）	0.581 6
			双创教育业绩与双创教育管理人员考核的关联（C_{83}）	0.109 5
	科研能力（B_9）	0.355 5	R&D 经费投入（C_{91}）	0.258 3
			科研人员占比（C_{92}）	0.104 7
			每 100 人的高水平论文数量（C_{93}）	0.637 0

第二节　高等职业院校创业教育质量模糊综合评价的实证分析

一、建立评价尺度集

在层次分析法确立的指标体系权重的基础上，运用模糊数学对高等职业院校的创业教育质量进行综合评价，评价测量的等级标准见表 9-14。[7]

表 9-14　评价测量等级标准

评价等级	评价值
优秀	$X_i \geqslant 90$
良好	$80 \leqslant X_i < 90$
中	$70 \leqslant X_i < 80$
一般	$60 \leqslant X_i < 70$
差	$X_i < 60$

二、将单因素判断矩阵组合为评判矩阵

组织各高等职业院校创业教育的管理人员及湖南省教育厅的相关领导共20人，依据高等职业院校创业教育质量综合评价指标体系，对A高职学院创业教育管理水平依次量化打分，并统计相应的测评结果如下。[8]

$$R_1=\begin{bmatrix}0.1 & 0.4 & 0.35 & 0.15 & 0\\ 0 & 0.2 & 0.15 & 0.65 & 0\\ 0.3 & 0.45 & 0.2 & 0.05 & 0\end{bmatrix};\quad R_2=\begin{bmatrix}0 & 0.2 & 0.4 & 0.25 & 0.15\\ 0 & 0.1 & 0.5 & 0.3 & 0.1\\ 0.1 & 0.3 & 0.5 & 0.1 & 0\end{bmatrix};$$

$$R_3=\begin{bmatrix}0.6 & 0.3 & 0.1 & 0 & 0\\ 0.8 & 0.1 & 0.1 & 0 & 0\\ 1 & 0 & 0 & 0 & 0\end{bmatrix};\quad R_4=\begin{bmatrix}0.5 & 0.15 & 0.2 & 0.15 & 0\\ 0.9 & 0.1 & 0 & 0 & 0\\ 0.2 & 0.15 & 0.25 & 0.3 & 0\\ 0 & 0.25 & 0.25 & 0.2 & 0.3\end{bmatrix};$$

$$R_5=\begin{bmatrix}0.6 & 0.15 & 0.2 & 0.05 & 0\\ 0.5 & 0.2 & 0.15 & 0.15 & 0\\ 0.5 & 0.2 & 0.1 & 0.2 & 0\end{bmatrix};\quad R_6=\begin{bmatrix}0.15 & 0.1 & 0.4 & 0.3 & 0.05\\ 0.3 & 0.3 & 0.2 & 0.2 & 0\\ 0.1 & 0.6 & 0.1 & 0.2 & 0\end{bmatrix};$$

$$R_7=\begin{bmatrix}0 & 0.2 & 0.2 & 0.5 & 0.1\\ 0 & 0.2 & 0.1 & 0.6 & 0.1\\ 0 & 0.2 & 0.3 & 0.3 & 0.1\end{bmatrix};\quad R_8=\begin{bmatrix}0.6 & 0.2 & 0.15 & 0.05 & 0\\ 0.4 & 0.2 & 0.15 & 0.25 & 0\\ 0.2 & 0.2 & 0.55 & 0.05 & 0\end{bmatrix};$$

$$R_9=\begin{bmatrix}0.25 & 0.25 & 0.3 & 0.2 & 0\\ 0.3 & 0.15 & 0.3 & 0.25 & 0\\ 0.15 & 0.2 & 0.25 & 0.4 & 0\end{bmatrix}。$$

三、综合评价

利用矩阵的模糊乘法得到综合评价向量[9]，$B_i=\omega_i\circ R_i$，其中，$\circ$ 为模糊乘法，ω_i 为各因素的权重关系。再运用MATLAB计算得各一级指标的综合评价向量 B_i。

$B_1=\omega_1\circ R_1=[0.105\,4 \quad 0.306\,9 \quad 0.197\,5 \quad 0.390\,1 \quad 0]$;

$B_2=\omega_2\circ R_2=[0.029\,7 \quad 0.175\,7 \quad 0.483\,7 \quad 0.232\,4 \quad 0.078\,5]$;

$B_3=\omega_3\circ R_3=[0.751\,5 \quad 0.178\,2 \quad 0.070\,3 \quad 0 \quad 0]$;

$B_4=\omega_4\circ R_4=[0.442\,4 \quad 0.159\,1 \quad 0.171\,5 \quad 0.200\,5 \quad 0.026\,5]$;

$B_5=\omega_5\circ R_5=[0.525\,8 \quad 0.187\,1 \quad 0.131\,1 \quad 0.156\,0 \quad 0]$;

$B_6=\omega_6\circ R_6=[0.186\,4 \quad 0.241\,1 \quad 0.291\,6 \quad 0.254\,0 \quad 0.027\,0]$;

$B_7=\omega_7\circ R_7=[0 \quad 0.254\,0 \quad 0.224\,3 \quad 0.421\,8 \quad 0.100\,0]$;

$B_8=\omega_8\circ R_8=[0.439\,9 \quad 0.200\,0 \quad 0.193\,8 \quad 0.166\,3 \quad 0]$;

$B_9=\omega_9\circ R_9=[0.191\,5 \quad 0.207\,7 \quad 0.268\,1 \quad 0.332\,6 \quad 0]$。

为了更加直接地了解高等职业院校创业教育管理工作的状况，依照百分制集 V={90，80，70，60，50} 来代表 { 优秀，良好，中等，一般，差 }，最终量化评价结果[10]，又根据 $T_i=B_iV^T$ 分别计算得出 T_1=71.269 0；T_2=68.457 0；T_3=86.812 0；T_4=77.904 0；T_5=80.827 0；T_6=73.066 0；T_7= 66.329 0；T_8=79.135 0；T_9=72.574 0。

再根据各一级指标的权重赋值，计算得出

$T_{总}=W\,[\,T_1，T_2，T_3，T_4，T_5，T_6，T_7，T_8，T_9\,]^T$=76.131 3

根据评价测量等级标准表 9-13，A 高职学院创业教育管理综合评价为中上水平。

总之，随着国家双创发展战略的进一步推进，高等职业院校创业教育逐渐成为高等职业院校办学质量的重要组成部分，高等职业院校教师创新创业教育的教学能力又直接决定了高等职业院校创业教育的质量。[11]本章构建了高等职业院校创业教育质量综合评价指标体系，将指标体系分为 9 个一级指标和 29 个二级指标，采用层次分析法和模糊数学，构建了 AHP 模糊综合评判模型，形成完整的高等职业院校创业教育质量综合评价体系，全面、合理、客观地评价高等职业院校创业教育的管理工作，并以 A 高职学院为例进行实证分析，对推动高等职业院校创业教育质量评价的研究具有重要的理论与实践意义。

注释

[1] 曾家，王娜．高等职业教育质量评价观及政策保障体系构建［J］．黑龙江高教研究，2016（4）：9-12.

[2] 徐春红．长江经济带 11 省市旅游产业竞争力评价及融合发展研究［J］．商业经济研究，2015（8）：135-138.

[3] 朱桂英，袁玉萍，何东，丁艳清，于辉．基于“双创”的高等教育评价指标体系的构建［J］．创新与创业教育，2018（3）：29-31.

[4] 张扬，陈艺璇．基于模糊层次分析法的应用型本科高校实验室绩效评价研究［J］．轻工科技，2019（1）：120-123.

[5] 洪涛．应用型本科院校创新创业教育评价体系的构建［J］．齐齐哈尔大学学报（哲学社会科学版），2015（11）：145-147.

[6] 吴婷，曾一帆，曾立基．基于 AHP 的应用型高校大学生创新创业能力评价研究［J］．江西青年职业学院学报，2015（6）：21-24.

[7] 冯艳飞，童晓玲．基于模糊层次分析法的高校创新创业教育评价研究［J］．华北电力大学学报（社会科学版），2013（4）：137-140.

[8] 张海兵，徐诚．基于改进 AHP 的目标价值评估模型分析［J］．弹箭与制导学报，2007（1）：228-230.

[9] 廖朝辉，胡盛强，张毕西，等．基于层次分析法和模糊综合评价的订单优先等级策略［J］．科技管理研究，2011（24）：191-194.

[10] 高苛，华菊翠．基于改进 AHP 法的高校创新创业教育评价［J］．现代教育管理，2015（4）：61-64.

[11] 高希，何蔚超，杨鑫．高校创新创业教育评价指标体系构建研究——基于国际创新型人才评价理论［J］．科教文汇（上旬刊），2015（12）：4-5.

第十章　国家双创战略背景下高职院校创业教育发展的要素分析和路径选择研究

第一节　受访人员基本信息统计分析

为了解湖南省高职院校创业教育发展的现状，本章在调查研究中采取随机整群抽样的原则，随机抽取湖南省 20 所高职院校的学校领导、教务部门主管和一线教师等为测量对象，共发放问卷 550 份，回收问卷 438 份，问卷回收率为 79.6%。对问卷进行逐个检查、筛选，有效问卷为 426 份，有效率为 77.5%。问卷主要从职位、性别、年龄、学历、职称、合作研究与发展经验等方面对受访者的基本信息进行收集与分析。下面将根据这几个层面来进行表单的绘制，见表 10–1。

表 10–1　受访人员基本信息表

类型	调查内容	调查人数（人）	占比大小 (%)
职务	学校领导	49	11.5
	教务处处长	116	27.2
	一线教师	261	61.3
性别	男	281	66.0
	女	145	34.0
年龄	30 ～ 39 岁	164	38.5
	40 ～ 49 岁	147	34.5
	50 ～ 59 岁	110	25.8
	60 岁以上	5	1.2

续表

类型	调查内容	调查人数(人)	占比大小(%)
学历	学士	62	14.6
	硕士	306	71.8
	博士	58	13.6
职称	初级职称	98	23.0
	中级职称	113	26.7
	副高级职称	161	37.8
	正高级职称	54	12.7
有无与企业开展项目合作研发的经历	有	172	40.6
	没有	254	59.6

第二节　湖南省高职院校创新创业教育发展的现状与问题分析

一、办学定位分析

调查发现，90.9%的人认为他们更熟悉教育部发布的《现代职业教育体系建设规划(2014—2020年)》，另有93.2%的人知道湖南省正在推广《教育部关于大力推进高等学校创新创业教育和大学生自主创业工作的意见》。这表明指导高职院校创新创业教育发展的《教育部关于大力推进高等学校创新创业教育和大学生自主创业工作的意见》得到了各方领导的高度关注，在高职院校的学校领导、教务部门主管和一线教师中响应很大（如表10–2所示）。

表10–2　湖南高职院校创业教育发展意见调查表（单位：%）

	具体内容	极不符合	一般不符合	一般符合	极为符合
1	我熟悉教育部《现代职业教育体系建设规划（2014—2020年）》	2.9	4.2	45.5	47.4
2	我知道湖南省正在实施《教育部关于大力推进高等学校创新创业教育和大学生自主创业工作的意见》	3.4	3.5	45.9	47.3
3	我认为高职院校创业教育发展有利于促进高职院校内涵的发展，提高教育质量	2.1	5.4	38.9	53.6

续表

	具体内容	极不符合	一般不符合	一般符合	极为符合
4	我认为高职院校创业教育的发展有利于完善高职教育结构	1.8	2.5	42.5	53.2
5	我觉得高职院校创业教育的发展能够促进学科专业的进一步提高	2.4	5.7	40.5	51.5
6	我觉得高职院校创业教育的发展能够促进高职毕业生的就业率水平的提高	2.4	4.1	39.8	53.8
7	我认为高职院校创业教育的发展有利于产业结构调整	2.2	4.3	42.5	51.0

二、学科建设分析

（一）学科建设决定了学校创业教育的发展方向

过去由于湖南省高职院校没有充分利用地方文化特色来促进特色学科的形成，盲目追求高标准和创新度，导致学科建设失去优势。湖南省高职院校在改造和应用学科建设时，应注重行业导向，突出服务导向，注重建设成效（见表 10–3）。

表 10–3　学科建设调查表（单位：%）

	具体内容	极不符合	一般不符合	一般符合	极为符合
1	我校学科建设能够体现行业性	2.0	9.1	42.3	46.5
2	我校学科服务面向突出创业教育	2.0	10.5	48.1	39.4
3	我校学科建设绩效突出应用性	2.0	9.7	44.0	44.3

（二）专业建设与地方产业结构脱节

由于湖南省高职院校专业设置的灵活性低，办学与专业设置的过程中不能根据实际条件与需求，来自主进行灵活应用，因而违背了地方产业结构的实际要求。同时，在开始设置之前，也没有进行过任何的市场调研与分析工作，所以造成专业人才无法与市场需求相契合，尤其是竞相创业、盲目跟进的热门专业，设置相应的专业并没有基于自身的优势和当地的经济社会发展，导致专业建设与当地产业结构的脱节。[1]

三、创业人才培养分析

转变创业人才培养模式、提高创业人才培养质量是高职院校创业教育发展的核心任务。[2]

（一）创业人才培养目标有待进一步明确

通过实际调查能够看出，绝大部分被调查者都认为他们能够清晰地明确相关专业创业人才的培养目标，并且与实际需求相契合，比例占据了80%以上。在双创战略背景下，关于高职院校的创业人才培养目标能否满足从业专业对人才的实际需求方面，有20%左右的被调查者认为，就当前的创业人才培养来说，还需要进一步的优化与提升。在调查过程中，有83%的调查对象认为应从企业方面进行咨询与调查，来进行创业人才培养工作的进一步完善。其中有超过70%的调查对象表示会采取校企合作，来共同决定人才培养方案。另外有大约20%的调查对象，对校企合作以及企业咨询的方式并不看好，结果见表10-4。

表10-4　创业人才培养模式调查表（单位：%）

	具体内容	极不符合	一般不符合	一般符合	极为符合
1	我明确从事专业相应的创业人才培养的目标	1.2	16.1	47.8	34.9
2	我觉得我从事的专业创业人才培养的目标符合行业对创业人才的规格需求	6.5	14.8	45.4	33.3
3	我所在专业在修订创业人才培养方案时会向相关行业企业进行咨询	3.4	13.4	41.1	42.1
4	我所在专业由校企共同决策创业人才培养方案的修订	5.1	22.1	36.3	36.5

（二）传统创业教育教学模式根深蒂固

湖南省部分高职院校在创业教育教学方式上，依然是“我讲你听”的灌输式教学。高职院校当中有超过96%的老师均对多媒体教学的方式表示肯定，认为其有助于提升教学效果，并且还能够促进学生自学学习能力的提升；另一方面有超过90%的老师表示，要积极落实科学与教育的相互结合，在项目中进行启发式新教学，这样才能够对科学成果和教学内容实现真正意义上的转变。从整体而言，教师还是比较认可教学模式的转变的，这说明在今后发展中，教学方式的创新水平还有很大的提高空间。

（三）实践教学应当进一步加以重视

通过实践活动，可以促进学生对理论知识的进一步认识与理解，提高个人实践能力，加强对社会的认识，了解从事行业的基本情况等。超过 50% 的调查对象表示，对于正面临着重要过渡期的学生来说，单一化的理论教学并不能满足其实际教育需求，当然还有部分人对理论教学的积极意义给予了肯定。大约 85% 的调查对象表示，要将实践技术与能力的教学融入课程当中，不过还是有一小部分的人仍然不同意这一观点（如表 10–5 所示）。

表 10–5　转型高职院校教育教学模式调查表（单位：%）

	具体内容	极不符合	一般不符合	一般符合	极为符合
1	我觉得应当要注重理论教学的重要性	21.7	37.2	27.4	13.7
2	我觉得应当要重视实践技术与能力在日常教学中的重要性	3.5	11.0	47.2	38.4
3	我注重采用现代多媒体技术开展教学	1.4	2.4	44.2	51.9
4	教师应当提出问题，并指导学生自主开展学习	1.4	2.1	408.8	55.7
5	高职院校应坚持科教融合，开展项目式教学，将科研最新成果转化为教学内容	2.2	6.6	45.3	45.9

（四）“产学研”合作教育流于形式

高职院校科研作为高职院校整体工作的一个重要组成部分，必须为提高创业教育教学质量和培养创业人才服务。[3] 湖南省一些高职院校的科研合作只是停留在合同层面上，没有实际效果。“产学研”合作的创业人才培养模式应该成为高职院校基础和主打的创业人才培养模式。[4]

四、师资队伍建设分析

“双师型”教师是高职院校培养创业型人才的重要保障，是高职院校转型的具体实施者和立足点。调查表明，超过 90% 的调查对象表示，在高职院校开展创业教育发展工作的过程当中，双师型教学队伍的构建起到了决定性作用，要有效提升教师团队的基础理论知识水平，并且还要丰富其实践经验，提高实践能力。

（一）专任教师有待进一步增加

由于高职院校财力资源有限，在很大程度上对师资队伍的构建产生了一定的限制，尤其是双师型教师人员的数量远远无法满足实际的教学需求。据《湖南省统计年鉴（2017）》统计，2015 年湖南普通高校在职教师为 98 746 人，专职教师 66 615 人，占 67.5%；2016 年在职教师 100 543 人，专职教师 68 726 人，占 68.4%。因此，有必要进一步增大全职教师的数量。只有适度扩大“双师型”专业教师队伍，才能够进一步提高创业型人才培养质量，统计数据见表 10–6。

表 10–6　湖南普通高校在职教职工数量统计表

统计总项	统计分项		2015 年	2016 年
在职教职工数量（人）	其中	专任教师数量（人）	66 615	68 726
		教辅人员数量（人）	9 381	9 351
		行政人员数量（人）	13 099	13 268
		科研机构人员数量（人）	5 316	5 502
	合计		98 746	100 543

（二）教师实践能力低

实践教学体系的有效实施，师资队伍是关键。[5] 79% 左右的调查对象表示，在转型高职院校当中，从业教师目前的理论知识水平虽然基本能够满足教学需求，但是还有很大的提升空间；此外，有 70% 的调查对象表示，在学科专业教育当中，实践能力水平占据非常重要的地位。就实际情况而言，教师往往只注重本专业理论教学的研究和自身学术水平的提高，对实践教学不够重视。[6] 调查结果见表 10–7。

表 10–7　转型高职院校教师队伍能力调查表

	具体内容	极不符合	一般不符合	一般符合	极为符合
1	我认为教师队伍建设是高职院校创新创业教育发展的重要因素	1.8%	6.1%	35.3%	56.8%

续表

	具体内容	极不符合	一般不符合	一般符合	极为符合
2	我校教师现有的理论知识能满足学科专业教学的需求	3.0%	14.8%	51.8%	27.4%
3	我校教师现有的实践知识能满足学科专业教学的要求	4.5%	24.2%	45.7%	25.5%

五、高职院校管理分析

要真正加快湖南省高职院校实施双创战略，落实创业型人才培养。创业人才培养目标是创业教育活动的出发点和归宿点，[7]与之相配套的高职院校治理体制机制需要进一步完善，为高职院校创新创业教育发展保驾护航。

（一）创业教育管理体系不健全

从国家层面来看，政府推进双创战略的实施，指导思想完美，整体设计完备。但是，在实际的推进过程中，创新创业教育的发展仅靠政府、教育部门的呼吁是不能解决问题的。有 95.3% 的人认为在高职院校管理、治学过程中，政府要充分发挥其积极指导与重要支持作用，鼓励社会各界的共同参与，进一步完善现有的治理结构与体系。绝大多数被调查者都表示，大学应该校长负责、教授治学、民主管理，其中 97% 的调查对象都肯定了校企合作的重要性，并且倡导行业与院校之间开展合作，构建科学的合作管理制度体系。这是现阶段高效优化建设中极为关键的影响因素，相关政府部门要予以较大的关注（如表 10–8 所示）。

表 10–8　湖南省高校管理情况调查表（单位：%）

	具体内容	极不符合	一般不符合	一般符合	极为符合
1	政府要积极发挥其管理作用，加强高校办学的自主性，发挥社会各界的积极作用	1.5	3.2	43.2	52.1
2	高职院校应构建党委领导、校长负责、教授治学、民主管理的治理结构	1.4	1.6	40.5	56.5
3	建立学校与行业、企业合作办学、合作治理的机制	1.2	1.9	43.5	53.4

续表

	具体内容	极不符合	一般不符合	一般符合	极为符合
4	政府应进一步落实高职院校办学的自主权	2.3	4.5	42.4	50.8
5	政府应引入第三方评价机制	1.7	4.9	46.2	46.1
6	我校发展运行所需资金十分充足	18.4	40.1	75.7	14.8
7	我校吸纳社会资金渠道畅通	10.3	44.2	33.2	12.3
8	对高职院校转型设立专项资金保障制度	1.2	0.9	43.6	51.5

（二）高职院校办学主体地位缺失

在高校行政权力划分的基础上，要尽可能确保教师在从业与教学过程中能够充分发挥其自主能动性与灵活性，让学生能够根据自身意愿与实际需求自由选择课程。[8]高校在教师引进和聘任时，需经地方人事部门批准，课程设置也不能很好地结合实际经济发展现状与行业对于人才的需求来进行专业课程的制定，不利于地方人才的高效培养。结合调查结果来看，超过 90% 的人都表示，要确保高校办学的主导地位能够得以充分发挥，需要调动高职院校的积极性（见表 10–8）。

（三）第三方评价缺位

目前，湖南省一些高职院校正在加快实施双创战略，从办学内涵的层面来看，已产生了非常重要的转变，不能按照以往对普高院校的评价体系来对这一类院校进行评估，否则的话必然会产生偏差，因此，要有第三方的评价机构参与高职院校教学评价才能确保评价的公平合理性。结合调查结果来看，第三方机构评价才刚刚开始发展，尚未体现出其重要作用。

（四）投资体系要进一步实现多元化

从一定层面而言，在实施双创战略的期间，高职院校对资金的需求量相对较大，但是由于高职院校在资金方面的局限性，导致教育体制转型受到了严重的影响。据调查，58.5% 的人认为发展创业教育所需的资金不足，95.1% 的人认为应对高职院校转型设立专项资金保障制度，以解决高职院校在资本投资方面的困境。

第三节 湖南省高职院校创新创业教育发展的路径选择

一、各要素的相关分析

采取皮尔逊积差分析法进行研究能够看出，高校在创业教育方面，其教学质量的高低与学校的整体教育定位、专业学科的建设情况、培养计划、师资团队的构建，以及学校管理水平等不同层面，体现出的显著关联性为0.01 水平。高职院校管理与学科建设、创业人才培养和师资队伍之间在 0.01 水平上显著相关；师资队伍与学科建设、创业人才培养在 0.01 水平上显著相关；师资队伍与办学定位在 0.05 水平上显著相关；办学定位与学科建设之间在 0.01 水平上显著相关；办学定位与创业人才培养在 0.05 水平上显著相关；创业人才培养与学科建设在0.01 水平上显著相关。但是从整体上来说，高校管理水平的高低，和办学定位之间的关联性并不是非常明显，当然不排除是受到了调查比例本身的限制。具体的相关性分析结果见表 10–9。

表 10–9 高职院校不同要素的相关性分析

Pearson 相关性	学科建设	创业人才培养	办学定位	师资队伍	高职院校管理	高职院校创业教育质量
学科建设	1	0.676**	0.131**	0.786**	0.424**	0.477**
创业人才培养	0.676**	1	0.078*	0.775**	0.424**	0.477**
办学定位	0.131**	0.078*	1	0.078*	–0.048	0.188**
师资队伍	0.786**	0.775**	0.078*	1	0.711**	0.429**
高职院校管理	0.424**	0.424**	–0.048	0.711**	1	0.208**
高职院校创业教育质量	0.477**	0.477**	0.188**	0.429**	0.208**	1

注：**，在 0.01 水平（双侧）上显著相关；*，在 0.05 水平（双侧）上显著相关

二、各要素对高职院校创业教育水平的具体影响机制剖析

（一）构建初始影响路径图

结合目前的理论研究以及本章的调查结果进行分析，笔者首先构建出了初始影响路径示意图。根据这一图示进行分析，提出了变量之间相互作用过程中产生的影响路径假设，数量达到了 25 条。

从学科建设变量的层面来讲，其对创业教育质量产生影响的路径可以分为 5 条。第一条，直接影响路径，主要体现在其影响效果的直接性；第二条主要用创业人才培养作为传导媒体，从而对创业教育产生间接性的影响；第三条主要是用师资队伍构建情况作为传导媒体，对创业教育产生间接性的影响；第四条通过对师资队伍产生作用，其影响性继而传递到创业人才培养方面，最后对创业教育产生影响，同样为间接性影响的一种；第五条是通过对师资队伍产生作用，其影响性延伸到办学定位方面，再进一步对创业教育产生间接性影响。

从创业人才培养变量的层面来讲，其对创业教育质量产生影响的路径为 1 条，即创业人才培养直接影响高职院校创业教育质量，此路径为直接效果。

从办学定位变量的层面来讲，其对高职院校创业教育质量的影响路径共有两条。第一，办学定位要素会在一定程度上对创业教育质量的高低产生直接性影响；第二，创业人才培养发挥其作为传导媒体的作用，对创业教育质量的高低产生间接性影响。

从师资队伍变量的层面来讲，其对高职院校创业教育质量的影响路径共有 4 条。第一，师资队伍要素对创业教育质量所产生的直接性影响；第二，创业人才培养发挥其作为传导媒体的作用，对创业教育质量的高低产生间接性影响；第三，院校办学定位发挥其作为传导媒体的作用，对创业教育质量的高低产生间接性影响；第四，首先对院校办学定位产生一定的影响，然后其影响性延伸到创业人才培养层面，再进一步对创业教育产生间接性的作用。

从院校管理变量的层面来讲，其对高职院校创业教育质量产生影响的路径包括以下 13 条。第一，直接性影响路径；第二，通过创业人才培养来对创业教育质量产生间接性影响；第三，通过院校办学定位来对创业教育质量的高低产生间接性影响；第四，办学定位影响创业人才培养层面，从而对创业教育产生间接性影响；第五，学科建设影响师资队伍构建，从而对创业教育产生间接性影响；第六，学科建设影响师资队伍构建，继而将其影响性传递到人才培养方面，最后对创业教育产生间接性影响；第七，学科建设影响师资队伍构建，继而将其影响性传递到办学定位方面，最后对创业教育产生间接性影响；第八，学科建设影响办学定位层面，继而将其影响性传递到人才培养方面，最后对创业教育产生间接性影响；第九，通过对办学定位产生一定影响性，然后对创业教育产生间接性影响；第十，师资队伍构建发挥其作为传导媒体的作用，最终对创业教育质量造成间接性影响；第十一，在师资队伍的作用下，通过对创业人才培养的影响，最终对创业教育产生间接性影响；第十二，在师资队伍的作用下，对办学定位产生一定影响，然后对创业教育产生间接性影响；第十三，在师资队伍的作用下，对办学定位产生一定影响，通过其对创业人才培养的影响，最终对创业教育产生间接性影响。

（二）路径模型检验

结合以上提出的初始影响路径，进一步展开下文的复回归分析，共包括五个方面。

第一，将学科建设、师资队伍、办学定位、人才培养，以及学校管理作为此次分析的预测变量，来对创业教育质量这一效标变量加以分析。

第二，将学科建设、师资队伍、办学定位，以及学校管理作为此次分析的预测变量，来对创业人才培养这一效标变量加以分析。

第三，将学校管理作为此次分析的预测变量，来对学科建设这一效标变量加以分析。

第四，将学科建设以及学校管理作为此次分析的预测变量，来对师资队伍这一效标变量加以分析。

第五，将师资队伍以及学校管理作为此次分析的预测变量，来对办学定位这一效标变量加以分析。

在进行复回归分析 1 的过程中，对效标变量以及预测变量采取回归分析法，并对其标准化回归系数加以计算，就能够得出相应的初始路径系数大小。在进行具体分析与计算后能够得出，学科建设作为预测变量来说，其 Beta 值的大小为 0.248（$P=0.000 < 0.001$）；创业人才培养相应 Beta 值的计算大小为 0.239（$P=0.000 < 0.001$）；办学定位相应 Beta 值的计算大小为 0.142（$P=0.000 < 0.05$）；师资队伍相应 Beta 值的计算大小为 –0.018（$P=0.854 > 0.05$）；同时高职院校管理相应 Beta 值的计算大小为 –0.007（$P=0.846 > 0.05$）；同时其残差系数的大小等于 0.842。具体可参见表 10–10 的统计数据。

表 10–10　学科建设、创业人才培养、办学定位、师资队伍和高职院校管理对湖南省高职院校创业教育质量的回归分析结果摘要表

预测变量	标准化回归系数（Beta）	T 值	决定系数（R^2）	F 值
学科建设	0.248***	3.882	0.289	76.208***
创业人才培养	0.239***	6.589	—	—
办学定位	0.142***	5.216	—	—
师资队伍	–0.018	–0.181	—	—
高职院校管理	–0.007	–0.189	—	—

注：*** 表示 $P < 0.001$；** 表示 $P < 0.01^{*}$

在进行复回归分析 2 的过程中，通过对效标变量以及预测变量采取回归分析法，并对其标准化回归系数加以计算，就能够得出相应初始路径系数大小。在进行具体分析与计算后能够得出，学科建设作为预测变量来说，其 Beta 值的大小为 0.335（$P=0.000 < 0.001$）；办学定位相应 Beta 值的计算大小为 –0.016（$P=0.328 > 0.05$）；师资队伍相应 Beta 值的计算大小为 0.548（$P=0.000 < 0.001$）；高职院校管理相应 Beta 值的计算大小为 –0.105（$P=0.854 > 0.05$）；同时其残差系数的大小等于 0.622。具体可参见表 10–11 的统计数据。

表 10–11 学科建设、办学定位、师资队伍和高职院校管理对创业人才培养的回归分析结果摘要表

预测变量	准化回归系数（Beta）	*T* 值	决定系数（R^2）	*F* 值
学科建设	0.335***	7.332	0.623	394.143***
办学定位	–0.016	–0.926	—	—
师资队伍	0.548***	8.855	—	—
高职院校管理	–0.105***	–3.210	—	—

注：*** 表示 $P < 0.001$；** 表示 $P < 0.01$

在进行复回归分析 3 的过程中，通过对效标变量以及预测变量采取回归分析法，并对其标准化回归系数加以计算，就能够得出相应初始路径系数大小。在进行具体分析与计算后能够得出，学科建设作为预测变量来说，其 Beta 值的大小为 0.418（P=0.000 < 0.001）；同时其残差系数的大小等于 0.898。具体可参见表 10–12 的统计数据。

表 10–12 高职院校管理对学科建设的回归分析结果摘要表

预测变量	标准化回归系数（Beta）	*T* 值	决定系数（R^2）	*F* 值
高职院校管理	0.418***	14.190	0.174	201.346***

注：*** 表示 $P < 0.001$；** 表示 $P < 0.01$

在进行复回归分析 4 的过程中，通过对效标变量以及预测变量采取回归分析法，并对其标准化回归系数加以计算，就能够得出相应初始路径系数大小。在进行具体分析与计算后能够得出，学科建设作为预测变量来说，其 Beta 值的大小为 0.679（P=0.000 < 0.001）；高职院校管理相应 Beta 值的计算大小为 0.416（P=0.000 < 0.001）；同时其残差系数的大小等于 0.315。具体可参见表 10–13 的统计数据。

表 10–13 学科建设、高职院校管理对师资队伍的回归分析结果摘要表

预测变量	标准化回归系数（Beta）	*T* 值	决定系数（R^2）	*F* 值
学科建设	0.679***	58.864	0.892	3 962.727***
高职院校管理	0.416***	36.164	—	—

注：*** 表示 $P < 0.001$；** 表示 $P < 0.01$

在进行复回归分析 5 的过程中，通过对效标变量以及预测变量采取回归分析法，并对其标准化回归系数加以计算，就能够得出相应初始路径系数大小。在进行具体分析与计算后能够得出，师资队伍作为预测变量来说，其 Beta 值的大小为 0.203（P=0.000 < 0.05）；高职院校管理相应 Beta 值的计算大小为 –0.192（P=0.000 < 0.001）；同时其残差系数的大小等于 0.992。具体可参见表 10–14 的统计数据。

表 10–14　师资队伍、高职院校管理对办学定位的回归分析结果摘要表

预测变量	标准化回归系数（Beta）	T 值	决定系数（R^2）	F 值
师资队伍	0.203***	4.599	0.024	11.792***
高职院校管理	–0.192***	–4.360	—	—

注：*** 表示 P < 0.001；** 表示 P < 0.01

通过上文对不同路径的系数进行的计算，能够分析得出：能够对创业教育质量产生显著影响作用的路径共计 15 条。在这些路径当中，起到直接影响效果的路径包括：学科建设作为关键性因素，对创业教育质量产生显著作用；创业人才培养的种类、结构等也在很大程度对创业教育质量产生影响；办学定位、科研服务水平等直接决定了创业教育质量水平。此外，剩余的 12 条显著影响效果均为间接性影响路径，主要包括师资队伍不但会对创业教育质量产生间接影响，同时还会通过对创业人才培养产生影响，继而作用到创业教育质量层面；高职院校管理主要是通过对学科建设、创业人才培养、办学定位，以及师资队伍产生影响后，最后影响高职院校创业教育质量；此外，学科建设也会通过对创业人才培养、师资队伍等的影响，最终对高职院校的创业教育质量产生间接性影响。

第四节　对相关制度设计的启示

综上所述，通过对湖南高职院校进行实际调查研究能够发现，在以上所提到的影响效果显著的 12 条间接路径当中，高职院校管理、师资队伍、创业人才培养及其办学定位等要素能够起到重要的中介作用，会在很大程度上对创新教育质量产生关键性影响，从而得出以下结论。一方面，学科建设不但为创业人才培养奠定了重要基础和途径，而且也会在很大程度上影响创业教育质量；另一方面，作为重要的中介变量，院校管理、师资队伍、科学研究水平，以及创业人才培养产生的影响效果显著。创业人才培养是高职院校转变和发展的最核心要素，创业人才培养模式的创新已成为高职院校创业教育发展的关键，要重视双师型教师团队的构建，建立新的创新创业教育发展模式。科研作为高职院校区域经济发展的重要支撑，是高职院校的主要职能之一，应重视科研改革。总之，在创业教育要素改革与要素的优化组合过程当中，高职院校转型具有重要影响，提高高职院校创业教育的质量，使高职院校的创业教育可持续发展的方向发生转变与发展。

注释

[1] 徐培培 . 地方高职院校转型发展中的问题及改进路径研究 [D]. 沈阳：沈阳师范大学，2017.

[2] 卢伟，褚宏启 . 高等教育发展方式转变的内在机制与可行路径——一种要素分析的范式 [J]. 现代教育管理，2014（12）：14–20.

[3] 罗文广，蓝红莉，马兆敏，等 . 地方高校实践教学有效性探讨 [J]. 实验技术与管理，2010（12）：154–157.

[4] 徐秋艳，万秋成 . 统计专业实践教学一体化模式研究 [J]. 实验室研究与探索，2006（4）：532–534 .

[5] 王志刚 . 论地方高校科学研究的定位——高校办学特色系列研究之五 [J]. 宝鸡文理学院学报（社会科学版），2004（3）：90–96.

[6] 余智慧 . 地方本科院校向应用型高校转型的阻力及破除机制 [J]. 江苏教育，2019（44）：38–44.

[7] 左建桥 . 地方本科高校转型路径研究 [J]. 教育评论，2017（8）：42–47.

[8] 孙绵涛，康翠萍 . 学术自由性与受控性的对立统一——学术自由大学本质观的重新审视 [J]. 教育研究，2011（5）：52–59.

第十一章　湖南省大学生创业政策绩效综合评价及政策体系优化策略研究

在早期的经济学领域中，Knight（1921）认为创业就是创业者通过预测未来，指挥他人工作，克服不确定性并承担风险的经济活动[1]。在创业的路上不仅需要运用经济学的知识，还需要运用管理的知识，因为在创业的过程中，是需要组织人才、搞好团队合作的。创业是一个不断学习的活动，同时，创业也承担着一定的风险。在创造新产品、新服务的同时，在一定程度上会受到竞争、产品投诉，甚至破产等危险，所以创业是极为复杂的一项行为。1998 年世界高等教育大会发表的《21 世纪高等教育：展望与行动世界宣言》中，明确提出必须把“创业技能和创业精神作为高等教育的基本目标”，动员、鼓励、支持、保护大学生投身自主创业，以创业带动就业已经成为全社会的共同责任。在湖南省这块孕育创新热情的土地上，大学生创业蓬勃发展，希望对湖南省在校地方高校大学生创业案例的分析能为后来者提供一些启示。

加强创业教育是我国地方高校亟待发展的一个新领域，也是今后高等教育改革发展的重要任务之一。改革开放 40 多年以来，政府不断加大扶持全民创业的力度，并出台相应的创业服务、扶持、活动体系。随着互联网时代的到来，这给大学生创业提供了巨大的空间，大学生群体作为创业中较为有活力的一部分，其主要原因是大学生群体拥有丰厚的知识优势，在开展活动和处理事情的思维方式等方面有着特立独行的办法，但是如今就业岗位的充实，使得大学生就业压力逐渐增大。本章将针对这一问题，以湖南省大学生群体为例，总结大学生创业的政策绩效和综合评价，并对产生的问题提出合理的政策体系优化策略，提出相应的改革建议。

湖南省高度重视大学毕业生的就业创业工作，近年来各级政府着力拓宽就业门路，积极制定落实优惠政策，使得近年来大学生创业总体呈现逐步上升的趋势，促进大学生就业创业的政策效果初步显现。截止到2017年12月31日，湖南省高校毕业生签约率为79.59%，比去年同期提高了4.59个百分点，其中，研究生、本科生和专科生的签约率分别提高了1.97、0.82和7.44个百分点[2]。但是尽管出台了相应的政策，其增长点也显得尤为缓慢，主要是因为创业离学生较远，理想与现实的差距过大，创业的机会尽管很多，但是创业很难，很少有人能成功，其实际和期望值相差甚远，大部分大学生都望而却步。

创业人数少，大部分的学生选择了考研、考公务员和出国这三条出路。同时，政府也出台了相应的政策，鼓励大学生积极创业，大学生创业的意愿也逐步增加。随着观念的转变，越来越多的人选择了自主创业。湖南省每年平均投入5 000万元作为大学生创业的专项扶助资金，2015年省内自主创业的大学生估计达到3 000人，创造岗位30 000余个。有志自主创业的大学生，都可以享受免费的创业培训。毕业生提交的创业方案只要通过审定，个人创业者项目可获得最高5万元的贴息贷款，合作项目贷款额最高可达200万元。[3]

第一节　政策绩效评价

一、政策绩效评价的概念

绩效评价，在人力资源管理学中的定义是“对员工一个既定时期内对组织的贡献做出评价的过程，从数量和质量两方面对其工作的优缺点进行系统地描述，绩效评价是一个复杂的过程。”[4]当然，在不同的领域，绩效评价有着不同的概念界定，其政策绩效评价也是本章的一个重点，即对已实施的政策的各个方面进行评价。

二、政策绩效评价的标准

按照全面实施预算绩效管理的要求，政府绩效评价也要做到“全方位、全过程、全覆盖”。要想对政府的主要参与主体进行全方位的评价，绩效评价须贯穿基金“募投管退”的全过程，从国家级至区县级评价实现全覆盖。

根据相关文件，对政府进行绩效评价的具体思路和要求包括制度化，即对政府进行评价时，应建立具有指导性的绩效评价制度，将其纳入公共考核评价体系，并制定科学合理的绩效评价指标体系。

综合平衡是指政府绩效评价内容应兼顾政策效应、经济效益和管理效能，关注政府政策引导及激励机制、社会资本综合平衡。持续性是指应制定合理的绩效考评周期，既符合自身运作规律，又能满足政府部门的监管要求，确保绩效评价与运行的持续性。适用性是指，无论是指标体系、评价标准还是操作方法，都应根据政策运行特点以及当前绩效评价及标准值的可获得性进行具有适用性的优化调整，综合采取定性、定量方式进行评价。结果应用方面，应注重绩效考评结果的运用，促进政策规范运作，有效弥补市场失灵，有效防范市场风险。

那么该如何对湖南省大学生创业政策进行绩效评价？评价标准是这个政策是否表现良好的指标。国外的研究学者也对此进行了多种分类，在国外大多数以效能、产出和效率为主要的评价标准。创业绩效又分为创业总体竞争力、创业效益和创业服务这三大标准，为了简化其政策绩效评价，本章将此分为三大类，即政策效应评价、政策效率评价和政策回应度评价，以更好地对应创业绩效。从湖南省大学生的创业绩效成果来看，其大学生创业政策的目标效益已经达到了当地创业企业增多、就业机会增加及地区生产总值增加这一指标，对于政府、企业和个人收益来说，税收增加了，政府转移支付减少，企业利润增加，企业存活率提高，人均收入增加，从非经济性效益出发，社会福利提高了，居民的幸福感也逐步上升，政治稳定。

今年湖南省有高校毕业生38.74万人，连续多年维持在高位运行。到目前为止，已实现就业23.33万人，就业率为60.22%，比去年同期提高5.55个百分点[5]。

为推进高校毕业生的就业创业，湖南省建立了高校就业创业工作“一把手”工程调研机制、高校就业率统计数据核查机制、高校毕业生就业质量发布机制，以及大学生创新创业孵化示范基地评选机制等，构建了多层次、全方位的高校毕业生就业创业工作格局；充分发挥大学生创新创业就业学院功能，已面向全省45所高校开放使用，注册学生人数18.6万人，学习总时长214.9万小时，师生互动笔记39.1万条；不断完善全省大学生就业云平台，建立了高校毕业生生源信息库和岗位需求信息库，2018年平台新增注册企业14 302家。

目前高校开展创新创业教育面临最突出的难点，就是缺乏优秀甚至是足够合格的“双创”师资 。“双创”教育不是让学生去创业，而是培养有创新创业思维的人才，因此，基本要求就是教师要具备创新创业思维和能力，否则，很难培养学生的相应素质。现阶段，大部分教师不愿意走出现有教学模式的“舒适圈”，难以满足创新创业教育的要求。

解决其问题的方法最有效的就是坚持理论 + 实践，校内导师 + 企业导师的观念。如此一来，既可满足学生对课程效果的期待，也可解决短期师资匮乏的问题。

创新创业教育必须融入专业教育之中，而且要针对学生素质进行差异化培养。目前创新创业课程多以补充知识的形式，游离于课程体系外，且以常识科普为主，缺乏完整、有层次、有逻辑结构的创新创业教育课程体系，对创新创业教学的效果缺乏衡量成功与否的有效指标体系。

为了构建符合中国教育的双创课程体系，本章从构建学生创新创业思维、创新创业意识、创新创业技能和创新创业有效性这四个维度，提出人才培养体系，指出创新创业教育课程构建的行动标准[6]。

双创教育就是要引导学生关注现实问题，培养其用创业思维与行动解决社会问题的能力。目前，高校长期以来的封闭式办学模式导致教学脱离社会实际需求，企业在与高校合作的过程中也多以盈利为主要导向，缺乏共同育人的氛围和长效机制。

第二节　湖南高校创业教育能力发展的启示与思考

一、政策体系优化策略

政府的财政支出政策在很大程度上促进了当地创新型经济的发展，具有较为明显的经济效益和社会效益。但是在市场化改革的过程中，仍然存在投资来源单一、投融资能力偏弱、市场化发展能力不足，以及管理团队专业化程度不够等问题。为了缓解上述问题，提升大学生创业的发展质量，本章提出了以下建议。

（一）引导民营企业家投入新一轮创业

支持企业以科技创新为核心，大力推动管理创新、制度创新和商业模式创新，不断提升企业综合实力，发挥创业龙头的带动作用。为此，财政支出政策应加大对企业家的激励措施，在“减税降负”的政策引导下，落实好各项减负政策，引导企业家投入新一轮创业。

（二）着力破解企业特别是中小微企业融资难、融资贵难题

通过政府增信，拉动更多金融资本投向创新创业，促进科技和金融的融合。通过政府性产业基金“直接输血”[7]，银行等金融机构跟进服务，风险投资、天使基金等社会资本选择注入的方式，优先扶持产权明晰、成长性较好的中小微企业。

（三）强化人才支持政策

发展是第一要务，创新是第一动力，人才是第一资源，产业竞争力说到底是人才的竞争。目前各地都意识到人才对一个地方的发展、对园区发展的重要性，纷纷开展抢人大战。地方政府应该落实好相应的人才引进计划，促进支持人才创新创业的政策真正得到落实。

（四）强化政府的引导作用

在市场化运作的基础上，体现政府的政策引导作用。政府更加关注大学生创业对国家政策落实的导向性。当前背景下，政府更多地履行合规性审核的职能，使现行政策能更有效地匹配市场化发展[8]。因此，对政府的绩效评价，应促进其市场化目标与国家的宏观政策目标的融合统一，有效引导大学生创业，避免其过度逐利的短期行为。

（五）在符合政策目标的基础上，兼顾经济效益和管理效果

政府投资基金在实际募资的过程中，需要引入社会资本，因此，基金投资效益需要同时满足社会资本的逐利要求和政府出资安全性的要求。此外，基金是委托专业化的基金公司管理运营的，需要对基金管理人的履职情况进行考核，考核基金运作过程中基金管理人对基金投资、管理和退出环节的掌握能力，主要体现为政府投资基金管理团队运营基金的能力，包括募资能力、投资业绩、提供增值服务能力和退出业绩等。

（六）结合政策及市场化运作原则，有效促进绩效评价结果的应用

我国创业政策起步相对较晚，政策及市场体系尚需完善。因此，在不影响市场化运作及基金持续运行的前提下，有效运用绩效评价结果，合理引导基金，贯彻落实政策导向，促进主管部门完善政府投资基金管理及绩效评价制度，对于确保政府政策的健康发展至关重要。

（七）加强政策宣传，优化创业环境

根据调查结果的显示来看，社会公众大都对大学生创业的相关政策并不了解，其主要原因是因为宣传力度不够和宣传方式不当，各大高校缺少了和政府的交流，所以要想让大学生知道创业政策，就需要加强其创业宣传，使创业能和学生的基本专业技能相联系起来。

二、开设创业学院

创业学是一门独立的学科，创业管理是独立的专业，独立的学院有利于学科和专业发展，便于人才培育。创业教育研究才刚刚起步，独立的创业学院能够为创业教育研究创造条件。创业学院能够实现创业教育融创业课程、创业专业、创业训练营和创业孵化器一体化模式，设立独立的创业学院，可以进一步完善企业管理体系，实现创业管理、工商管理和资本管理三位一体的教育模式。所以，学校要尽量营造创业教育的“区域环境”氛围，让大学生体验创业活动，并通过开设知识课堂，比如创新创业课堂，让老师加入其中，向学生强调创业的积极意义，转变以往的思维观念。同时，学校也应出资加强技术学习氛围，不仅能给学生提供相关的创业基础设施实验室，还能保证学校内学生的科研专利，保障了学生的知识产权，让每个人都有能力和勇气进行创业。

三、创立创业管理专业

培养具备强烈的创业责任感、使命感，敢于承担创业风险，善于利用现代信息技术和其他高新技术，构造产品或服务体系，创新商业模式，具备宽广的创业知识和深厚的创业技能，具有较强的领导力、执行力、领悟力和沟通力的创业高级人才。通过线上线下相结合的系统学习，使每个学生都能在创业思维、技能、能力和精神上有较大的突破，即符合现代的互联网思维、商业模式思维、共享经济思维和伦理思维的结合。在创业技能上，要识别英才，正确选择行业，对自己的业务有着清楚的定位，注重商业创

新，具有对接互联网和整合资源的技能。在创业能力上，要做到具备创新、领导、执行和学习的能力。在精神上，要敢于冒险，吃苦耐劳，合作共赢，坚持不懈。

四、改善资源配置

在以往的创业教育理念中，严重缺少了资金的投入，其师资投入有助于学生更好地学习创业知识，重新配置资源。让学历高的教授与博士导师给学生指明方向，并对教育板块投入相应的资金，使得创业实践基地的建设不断发展。创业基金的设置能更好地激发学生的积极性与主动性，并加大宣传力度，推广创业知识，涵盖到各个角落中去。

五、注重过程行动

由于我们是在 TOPSIS 理论的基础之上进行的研究，其理论十分注重创业教育的过程评价指标，为了真实反映创业教育的意义，其实际数值对教育的提升策略有促进作用，这有利于创业教育活动中行动力的有效性。

六、互联网 + 的管理模式

互联网 + 教育是未来高等教育发展的必然趋势，构建高校创新创业教育体系，首先要考虑的必然是创新创业教育的互联网化。具体包括教学主体的互联网化，即教师用互联网的思维重构知识，用互联网的手段传播知识；教学内容的互联网化，即课程内容要体现传统行业与互联网的对接，商业模式中要注入互联网因素；教学方式的互联网化，即线上教学与线下教学相结合，体现为随时随地，想学就学，课程视频内容全部到移动端。

总之，本书在相关理论的基础上对大学生的政策绩效评级和相关政策优化做出了总结。根据上述的教学绩效评价标准框架，确定了大学生创业的绩效评价标准体系，理性分析了相关调查研究的结果，并对相应的问题提出了解决方案。这对政策质量的提高和促进经济的协调发展有着重要意义，一方面对政策行为的腐败做出了监督行为，另一方面也促进了大学创业的稳速发展。但是现在大学生创业政策还处于发展阶段，其潜力和发展空间巨大，在工作上还需要有较大的改进。希望本书的研究结果能为大学生创业政策献言献策，并为国家做出一定的贡献。

注释

[1] Knight，F. Risk，uncertainty，and profit [M].Boston：Houghton Migglin，1921：9-85

[2] 刘文洁.湖南省大学生就业创业现状调查与建议[J].中国科技信息，2012（22）：201-203.

[3] 张一驰.人力资源管理[M].北京：北京大学出版社，1999：184-185.

[4] 陈华笠.成都市创业政策有效性评价研究[D].成都：西南交通大学，2016.

[5] 黄胜.大学生创业绩效的影响因素分析[D].杭州：浙江工业大学，2010.

全书参考文献

[1] Colin Clark. The Conditions of Economic Progress [M] . London: Macmillan & Co. Ltd, 1940.

[2] Mertens Donna M. Institutionalizing Evaluation in the United States of America. In: Reinhard Stockmann (Ed.) . Evaluations for schung. Grundlagen und ausgewählte For schungs felder [M] . Opladen: Leske + Budrich, 2000: 41–56.

[3] Dwight H. Perkins, Steven Radelet, Donald R. Snodgrass, Malcolm Gillis etc. Economics of Development (Fifth Edition) [M] . New York: W. W. Norton&Company, 2012.

[4] Karimi S, Biemans H J A, Lans T, et al. The Impact of Entrepreneurship Education on Students Entrepreneurial Intentions and Opportunity Identification Perceptions [J] . Social Science Electronic Publishing, 2012, 24 (2) : 121–150.

[5] Gill Helsby, Peter Knight and Murray Saunders. Preparing Students for the New Work Order: The Case of Advanced General National Vocational Qualifications [J]. British Educational Research Journal, 1998, 24 (1): 63–78.

[6] K ü ttim M, Kallaste M, Venesaar U, et al. Entrepreneurship Educationat

University Level and Students' Entrepreneurial Intentions [J] . Procedia-Social and Behavioral Sciences, 2014, 110: 658-668.

[7] Patel, R. Are we there yet?: Vocational education at crossroads [J] . Local Economy, 2012, 27 (3) : 227-231.

[8] Santos I M , Dias G . A comprehensive internal quality assurance system at University of Minho [J] . International Journal of Quality & Reliability Management, 2017, 34 (2) : 278-294.

[9] Diana Nunnaley. Professional Development to Build Data Literacy: The View from A Professional Development Provider P [J] . The Journal of Educational Research & Policy Studies, 2013, 13 (2) : 16-20.

[10] Lin N , Cambridge University Press (CUP) . Social capital: a theory of social structure and action[M]. Cambridge University press, 2001.

[11] Quality Assurance of Agency for Higher Education. About the Quality Assurance Agency for Higher Education. http: //www. qaa. ae. uk/aboutqaa/about QAA.

[12]谢志远，吕一君，邹良影 . 大学生创业教育转型发展研究 [M] . 杭州：浙江大学出版社，2011.

[13] 黄光扬 . 培养学生创新精神和实践能力的支持系统研究 [M] . 北京：中国书籍出版社，2013.

[14] 葛莉 . 基于 CIPP 的高校创业教育能力评价与提升策略研究 [D] . 大连：大连理工大学，2014.

[15] 范文翔 . 基于 AHP 的研究生创业教育的评价研究 [D] . 重庆：重庆师范大学，2016.

[16] 刘馨泽 . 辽宁省地方高校创业教育质量评价体系研究 [D] . 沈阳：沈阳师范大学，2018.

[17] 王维舟 . 经管类大学生创业能力培养途径研究——以太原市 5 所本科院校为例 [D] . 太原：山西财经大学，2013.

[18] 刘航 . 牡丹江地区大学生创业问题研究 [D] . 长春：吉林大学，

2016.
[19] 唐菡悄.云南普通高校大学生就业状况研究[D].昆明：云南师范大学，2016.
[20] 李小花.广东省大学生创业服务政策研究[D].广州：华南理工大学，2016.
[21] 李颖.高等院校大学生创业服务体系优化研究——以云南省曲靖师范学院为例[D].昆明：云南财经大学，2018.
[22] 韩晨光，曲绍卫，张伟.大学创业教育三维塔式机制理论模型[J].实验技术与管理，2014（8）：190–193.
[23] 李强，黄婷，石磊，等.高校教师教学质量评价体系与评价方法的创新研究[J].高教学刊，2015（12）：9–12.
[24] 颜建军.高校教学质量评价体系构建研究[J].湖南商学院学报，2015（2）：25–27.
[25] 郑永，陈艳.基于BP神经网络的高校教师教学质量评价模型[J].重庆理工大学学报：自然科学版，2015（29）：90.
[26] 常瑜，史淑雅.基于AHP–FCE模型的设计学类专业创业教育评价研究[J].创新与创业教育，2017（6）：27–33.
[27] 谭晋钰.高校创新创业教育质量评价体系构建研究[J].创新与创业教育，2017（5）：24–27.
[28] 武冠蓉.基于DPSIR模型的高校创业教育质量评价指标选取的研究[J].山西高等学校社会科学学报，2017（12）.
[29] 孟超.对大学生就业创业教育评价指标体系引入AHP的理论认知[J].辽宁工业大学学报（社会科学版），2018（2）：95–97.
[30] 袁德栋.核心素养理念下高校创新创业教育课程体系构建研究[J].智库时代，2018，161（45）：253–254.
[31] 曾琳.高校创业教育质量评价的常见问题和解决策略[J].教育理论与实践，2018（18）：20–22.
[32] 林嵩.大学生创业政策：现状评析与制度设计[J].现代管理科学，

2010（2）：38–40.

［33］夏人青，罗志敏，严军．中国大学生创业政策的回顾与展望（1999–2011年）［J］．高教探索，2012（1）：127–131.

［34］王圆圆．制约大学生创业的因素及其对策［J］．教师教育论坛，2012（11）：76–77.

［35］叶静．大学生创业的影响因素及对策思考［J］．继续教育研究，2013（3）：85–87.

［36］田力，徐一平．浅析大学生创业政策的特点与分类［J］．课程教育研究，2013（16）：33–33，34.

［37］郑炳章，田飞，张可，等．河北省有关大学生创业政策思考［J］．合作经济与科技，2013（1）：92–93.

［38］田雪莹．大学生创业政策保障体系构建研究——来自苏州大学生问卷调查的证据［J］．科学决策，2013（3）：2–30.

［39］张春．大学生创业政策执行过程中的变异及矫正［J］．当代教育科学，2013（9）：50–52.

［40］陈鑫，鲁泽鹏．大学生创业现状及创业教育路径探讨［J］．中国经贸导刊，2013（2）：48–49.

［41］郭德侠，楚江亭．我国大学生创业政策评析［J］．教育发展研究，2013（7）：71–75.

［42］谢雅萍，黄美娇．社会网络、创业学习与创业能力——基于小微企业创业者的实证研究［J］．科学学研究，2014，32（3）：400–409.

［43］单晓琼，娄钰华，吴艳青，等．大学生创业影响因子与创业失败研究——基于166位创业失败者的调查分析［J］．中国成人教育，2015（21）：125–127.

［44］王盐生，杜奕欣．我国大学生创业失败率“超高”原因分析及解决对策探讨［J］．现代经济信息，2016（5）.

［55］任迎伟，黄刚．涵盖关键创业要素的包容性创业体制构建——来自政府视角的分析［J］．科技进步与对策，2016（11）：7–13.

［46］翟博文，陈辉林．基于文献大数据分析的国内大学生创业失败研究现状与趋势［J］．特区经济，2017（6）：21–25.

［47］杨蕾．当代大学生创业失败原因的分析和策略［J］．理论导报，2017（3）.

［48］朱念婷，陈忠卫．大学生创业失败及其连续创业形成机制的扎根理论研究［J］．陇东学院学报，2018（3）：100–106.

［49］毛盾，刘凤，何诣寒，等．大学生创业失败援助机制的构建［J］．创新创业理论研究与实践，2018.

［50］彭学兵，徐锡勉，刘玥伶．创业失败归因与失败学习的关系研究［J］．特区经济，2019（1）：161–163.

［51］林雪治．我国大学生创业扶持政策成效研究［J］．生涯发展教育研究，2013（1）：62–69.

［52］张昊民，杜蕾，马君．基于提高学生综合素养的创业教育实践研究——以上海理工大学为例［J］．创新与创业教育，2012（1）：38–42.

［53］张力娜，李小林．基于 AHP 和 TOPSIS 的教师评价模型［J］．信息技术，2013（9）：45–48.

［54］肖焰，蔡晨．新时代背景下我国农民企业家带富效能的双因素研究［J］．农业经济，2019，382（2）：56–58.

［55］李宏英．农民工返乡创业与新农村文化建设耦合机制研究［J］．农业经济，2019，381（1）：84–85.

［56］梁梓瑶．乡村振兴战略视野下农村大学生返乡创业与新农村建设［J］．农家科技（上旬刊），2019（6）.

［57］沈霞．农村贫困人口职业教育精准扶贫脱贫研究［J］．农业经济，2019，381（1）：80–81.

［58］宋冬梅．农村电商集群发展与电商人才合作培养研究［J］．农业经济，2018，380（12）：131–133.

［59］王晓航．农村职业教育均衡发展与乡村经济协调发展互动思考［J］．农业经济，2018，380（12）：91–92.

［60］高家怡．农业产业化发展趋势下人力资源管理研究［J］．农业经济，

2019，385（5）：102–104.
[61] 丁洪福，战颂，陈岚．农村生源大学生助推乡村振兴的困境与路径选择研究［J］．农业经济，2019，385（5）：108–109.
[62] 李晶晶．乡村振兴背景下农村职业教育发展的三重维度［J］．农业经济，2019，385（5）：105–107.
[63] 蒋江林．非农经济下农村劳动力就业与产业发展及人力资本的关系研究［J］．农业经济，2019，385（5）：55–57.
[64] 谢艳华．“互联网 +”背景下新农人成长的瓶颈及化解［J］．农业经济，2019，385（5）：53–54.
[65] 杜坤．新生代农民工返乡创业对区域经济发展的作用［J］．农业经济，2019，385（5）：71–72.
[66] 薛磊，窦德强．基于 SWOT 分析的甘肃省农民工返乡创业研究［J］．现代商贸工业，2019，40（11）：44–45.
[67] 徐兴奎．社会支持对青年农民工的心理健康调节效应研究［J］．农业经济，2019，383（3）：87–88.
[68] 刘家富，余志刚，崔宁波．新型职业农民的职业能力探析［J］．农业经济问题，2019（2）.
[69] 湖南高校毕业生自主创业不到 1%［N］．潇湘晨报，2017. 01. 09.
[70] 高校毕业生半年内离职率达 1/3 一言不合就 " 分手 "［N］．长沙晚报，2016. 11. 2.

附 录

附录1 访谈提纲

对学校管理人员的访谈

1. 您认为高职院校质量保证体系的构建对于学校会产生怎样的效果呢？

____

____

____

2. 您所在的学校有没有教育教学质量保证管理措施与文件呢？有何不足？

____

____

____

3. 您认为企业在高职院校提高人才质量中起到什么作用？企业的参与度如何？

4. 政府对提高高职院校的人才质量持怎样的态度？有哪些方面需要加强？

5. 你认为社会公众对高等职业教育抱有有一种怎样的态度？

6. 您认为企业、政府和社会对高职院校质量保证体系的构建支持吗？原因是什么？

7. 各方主体怎么做才能更有利于高职院校质量的发展？

对企业管理人员的访谈

1. 您所在的企业是否与高职院校签订了协议开展校企合作、“订单制培养”模式？效果如何？

2. 您所在的企业有专门针对学生的实习培养方案和考核方案吗？您认为谁来制定比较合适？

3. 您所在的企业与合作的学校是否成立了企业的教育监督小组？该小组是如何开展工作的？

4. 您认为企业和学校在提升高职人才质量中应该怎样开展有效合作？

5. 您认为企业作为人才培养的重要主体，应该发挥什么样的作用才有利于高职教育发展？

6. 为促进高等职业院校质量水平的发展，您有何建议？

对其他人员的访谈

1. 您对高等职业教育有何看法？您认为现在的高等职业教育效果怎样？

2. 您了解过高等职业教育中人才质量的标准吗？对具体的开展状况了解吗？

3. 您支持高等职业院校提高质量管理水平吗？这种方法是否能够改善学生的就业状况？

4. 您觉得如果想象提升高职院校质量，可以从那些方面进行入手？

附录 2　调查问卷

同学您好，我是湖南省教学科“十三五”规划项目“湖南地方高校创业教育质量评价量化指标体系及模型研究课题组成员”。该调查问卷是为了了解现阶段湖南省高等职业院校质量的发展情况，非常感谢您能够作为学校学生的代表参加调查，提供您的看法与意见，请您认真填写。

请仔细阅读以下填写说明。

1. 本次调查采取匿名方式，本人将严格保守被调查者个人秘密；2. 答案无好坏对错之分，请您结合实际情况填写，谢谢您的合作；3. 为了便于统计分析，按照《高等职业教育专业目录（2010 年版）》的专业划分，本人将中等职业教育划分为文科类、医学类、工科类、信息技术、教育学类和其他，共六类如下表所示。

专业分类	专业名称
文科类	商贸与旅游类、财经类、社会公共事务类
医学类	医药卫生类
工科类	农林类、资源与环境类、能源类、土木水利工程类、加工制造类、交通运输类、畜牧渔类
信息技术类	信息技术类
教育类	师范、文化艺术与体育类
其他	其他

基本信息

1. 性别（　　）

A. 男　　B. 女

2. 年龄（　　）

A.18 岁及以下　　B.19 岁　　C.20 岁　　D.21 岁

E.22 岁及以上

3. 专业类型（　　）

A. 文科类　　B. 医学类　　C. 工科类　　D. 信息技术

E. 教育学类　　F. 其他

4. 所在学校类型（　　）

A. 国家示范　　B. 省级重点　　C. 市级重点　　D. 其他

主体问卷

1. 您的学校是否会根据您的专业情况，安排与您去与您专业非常接近的企业实习？（　　）

A. 是　　B. 否

C. 学校有对口企业，我不愿意去　　D. 不清楚

2. 您所在学校是否开展过质量管理相关课程？（　　）

A. 是的，开过课　　B. 从来没有

C. 不清楚

3. 您是否了解教育质量的相关概念？（　　）

A. 非常了解　　B. 知道一点

C. 不清楚

4. 您所在专业是否有“双师型”教师？（　　）

A. 是　　B. 否

C. 不清楚

5. 您所在班级的理论教师与实习指导教师数量比如何？（　　）

A. 理论教师更多　　B. 实践指导教师更多

C. 数量相同　　D. 理论教师也是实践指导教师

6. 您对所在学校的教学设备是否满意？（　　）

A. 不满意　　B. 比较满意

C. 满意　　D. 不清楚

7. 您所在专业是否要求必须考取职业资格证书？（　　）

A. 是的　　B. 没有强制性要求

C. 不清楚

8. 您考取了几个职业资格证书？（　　）

A. 没有　　B.1 个

C.2 个　　D.3 个及以上

9. 开设的课程中理论课程与实践课程比重如保？（　　）

A. 理论课程较多　　B. 实践课程较多

C. 二者一样多

10. 您在开设的课程中更偏向于哪种类型的课程？（　　）

A. 理论类课程　　B. 实践类课程

C. 思想道德修养　　D. 职业规划类

11. 您认为您所在学校的成绩考核是否包含了实习成绩？（　　）

A. 是　　B. 否

C. 不清楚

12. 您所在学校成绩考核的方式有哪些种类（多选）？（　　）

A. 理论考试　　B. 实践考察

C. 教师评价　　D. 企业评价

E. 实习次数

13. 您所在的专业是否有专门的校外实训基地？是否和学校是否有良好的合作？（　　）

A. 是　　B. 否　　C. 不清楚

14. 您所在的专业在校内是否有实训基地？（　　）

A. 有　　B. 没有

C. 不清楚

15. 在实训过程中，学校是否会对您的实训规划有比较合理的建议？（　　）

A. 是的　　B. 没有　　C. 不清楚

16. 您很了解您所在学校的现有合作企业的具体情况吗？（　　）

A. 是的，我很了解　　B. 不清楚

17. 经过校内外实训，您的专业知识与技术能力是否得到极大的提高？（　　）

A. 是　　B. 否

C. 没有意义　　D. 我没有参加实践

18. 您的就业意向如何？（　　）

A. 继续深造　　B. 自主创业

C. 直接就业　　D. 其他

19. 在校期间，您对您专业的就业情况是否了解？（　　）

A. 非常清楚　　B. 知道一点

C. 完全不了解　　D. 不在乎

20. 您认为通过高等职业教育应具备哪些能力（多选）？（　　）

A. 专业知识　　B. 实践操作能力

C. 管理能力　　D. 沟通能力

E. 创新能力　　F. 学习能力

21. 您认为高职院校质量提升还需要做哪些努力？

22. 您认为您对受到的教育有何不满意的地方？

23. 您认为学校、社会、企业三方对提高教育质量可以做哪些措施？

附录 3　湖南省高等职业教育质量保障体系访谈提纲

尊敬的同学、老师，您好！

为了提高湖南省高等职业教育质量保障体系的效力，我们开展了这次的调研活动，以了解目前湖南省高等职业教育质量保障体系建设中存在的优缺点，请您在百忙之中抽出一点时间给予我们支持。访谈采用不记名方式，仅供研究、参考之用，请您客观回答。谢谢您的支持与合作。

1. 您认为现在学院教育质量保障体系建设中取得的效果有哪些？存在哪方面的不足？

____

____

____

2. 您认为学院为了落实教育质量保障体系都采取了什么行动？

____

____

____

3. 您能为学院教育质量保障体系建设做什么？

____

____

____

4. 您对职业教育质量保障体系有什么建议？

____

____

____

5. 您会持续关注职业教育质量保障体系的发展吗？

____

____

____

非常感谢您的合作，再次表示真诚的谢意！

后　记

大学生创业问题已经取代下岗工人和农民工等群体创业等问题，成为创业市场的核心问题。一直以来，作者都在从事大学生问题研究，对于有些问题久久难以释怀：与湖南省的下岗工人和农民工等群体创业相比，大学生创业到底难不难？如果难，到底有多难？是自身原因呢，还是结构问题？如果是结构问题，应怎样调整结构？目前国家和省里出台了哪些大学生创业促进政策？这些促进政策的效果究竟如何？政策本身的制订是否科学？落实政策的运行机制是否有效？为什么在有些地方创业政策曲高和寡，出现政策浮躁、实践错位的尴尬局面？在促进大学生创业方面，政府主导是应该的，但怎样才能明智合理地界定政府与市场的适宜边界？政府、创业园区（创业基地）、社会媒体和大学生分别应当做些什么？应当怎样完善政策，建立机制？以上问题都有待学术界做出科学的分析和论证。本书正是在这种背景下，以湖南省大学生创业的促进政策作为研究选题，以便深入、系统地进行研究。

创业政策是公共政策的一部分，所以本书一改过去乡村建设学、社会学、心理学的研究视角，而选择从公共管理学（公共政策）的角度出发，对创业促进问题进行理论解析，从而为今后更好地研究大学生创业促进问题提供具有多样性、全面性的理论支撑。为此，本书运用公共政策评价的理论方法（熵权 TOPSIS 模型和 AHP 模型），从制订、执行和效果三个方面设计出一套较为科学的大学生创业促进政策效果评价体系，通过分析创业政策的发展现状和创业促进政策的效果，探讨创业政策的潜在价值所在及其面临的新问题和困惑，从而有利于促进创业相关政策的制定者完善关于引导和扶持大学生创业人员创业的政策。主要目的是通过对大学生创业促进政策的系统分析和全面评价，提出相应的政策完善措施和机制构建设想。

目前，我国开展高校创业教育质量评价的指标体系和评价方法大多是借鉴和移植国外的评价理论和经验，没有考虑到目前湖南省高校分类、分级发展的现状。本书主要创新之处就是构建基于数学模型理论研究的符合湖南省地方高校分层、分类型发展现状的地方高校创业教育工作水平评价量化指标体系。同时，本书主要运用 AHP 模型理论与 TOPSIS 模型分析的方法，重在解决现行高校创业教育工作水平评价指标体系中存在的非公正性、非系统性问题。在数学模型的构建方面，实现各项评价指标的可操作性、公正性，初步确立湖南省地方高校创业教育工作水平评价的量化指标体系。因而，本书所构建的地方高校创业教育工作水平评价的量化指标体系准确、全面、科学，可行性较强，研究成果可直接应用于湖南省地方高校创业教育质量评价政策的制定和决策中。此外，本书从公共管理学（公共政策）的“结构 – 功能”视角出发，对湖南省大学生创业的各过程中存在的影响绩效的因素进行深入的分析，对湖南省政府扶持大学生的创业政策的绩效进行综合评价，为找出更加有效的鼓励大学生创业的方法提供参考依据，针对大学生这样一个特殊的群体，构建地方政府扶持大学生创业政策的绩效评价指标体系，建立地方政府扶持大学生创业政策的绩效评价模型，找出目前大学生创业政策所存在的不足之处，提出构建政府、创业园区（创业基地）、社会媒体和大学生“四位一体”的创业政策的改进策略与促进机制的构想。

本书系湖南省教育科学“十三五”规划 2019 年度一般课题《湖南省地方高校创业教育质量评价量化指标体系及数学模型研究》（编号：XJK19BGD035）的研究成果。课题组成员陈国生、刘伟辉、彭文武和陈政等专家提供了本书研究所必需的部分文献资料，对书稿框架设计提出了宝贵的建议，并参加了部分问卷调查和部分章节的修改，在此一并表示诚挚的感谢。

由于水平有限，书中难免有差错和不妥之处，恳请读者批评指正。

曹巍

2019 年 8 月 25 日于雁城罗金桥